管 理 者 终 身 学 习

博学之，审问之，慎思之，明辨之，笃行之。

——《礼记 · 中庸》

管理者终身学习

且学·且思·且行

战略成本控制

[第2版]

Cost Control

A Strategic Guide

戴维·P·道尔（David P. Doyle） 著

刘俊勇 等 译

中国人民大学出版社

·北 京·

Preface 译者序

在中国经济从高速增长阶段转向中速增长阶段后，许多企业的价值创造模式也需要进行转变。企业不能只关注外部市场机会从而获得“开源”效应，同时也需要关注加强内部成本管理获得“节流”效应。《战略成本控制》一书可以说来得适逢其时。作者深刻而全面地分析了企业面临的外部环境变化，比如业务全球化使经营状况更加复杂，政府管制放松带来的市场竞争加剧使企业面临价格下行的巨大压力，以及间接费用（比如销售费用和管理费用）在总成本中所占比例越来越高。基于外部环境变化，战略成本控制侧重于从战略角度改变企业运营活动对资源成本的需求，进而创造出差异化的成本结构来支持企业的竞争优势。

本书分为9章，从多个领域给出了进行战略成本控制的分析工具和管理会计技术，具体包括预算、外包、绩效管理、作业成本法、间接费用分析和信息技术等领域。除了技术视角外，作者还分析了战略成本控制中的行为因素，从而更好地帮助管理者顺利地进行组织变革。

战略成本控制不仅需要管理者转变成本控制意识，而且对管理者的知识架构也提出了挑战。如果没有战略管理、运营管理、人力资源管理、信息管理和成本管理会计的知识基础，管理者将很难推动组织变革。

本书不仅适合企业的高层管理者、中层管理者阅读，也适合战略管理、财务管理、成本管理的专业人士阅读。此外，本书也适合作为工商管理硕士（MBA）、会计专业硕士（MPAcc）等专业学位研究生的学习参考资料。

本书的翻译由刘俊勇全面负责，参加各章翻译和校对的有中央财经大学的会计专业硕士研究生李琦和周学，学术型会计学研究生张磊，最终由刘俊勇负责译校。

囿于知识和能力所限，本书的翻译难免有诸多不足，欢迎读者不吝赐教。我们的联系邮箱为：13911909589@139. com。

刘俊勇
于北京太阳园

Preface 序言

欢迎《战略成本控制》中文版的各位读者，这已经是本书的第 14 个非英文译本了。就在我向各位表示欢迎的同时，国际金融危机还在持续地改变着国有企业和非国有企业的市场格局，其特征表现为紧缩、高效和节俭。

国际金融危机对不同规模经济的影响已经跨越了国界，并且它对工业影响的连锁反应也似乎没有极限。

新的环境需要更多地关注国有和非国有企业如何创造和控制收入流与成本流。

在中国，国家在经济运行中拥有强大的影响力。在经济发展的初期阶段，所有的中国企业都应该积极主动地投入到组织成本的研究中。有些公司实施扩张型的公司政策，例如中国投资有限责任公司（CIC）通过主权财富基金进行的投资，越来越多的公司通过组织设立，或者并购的方式在海外成立附属子公司来实现国际化，这些无疑会带来收入的激增，但伴随而来的是从事这些经营所造成的成本增加。

成本上升的趋势并不仅限于海外业务。中国加入世界贸易组织后，在增强竞争力的同时，也为中国的国内市场带来了很多新的压力。中国企业开始纠结于如何在走向世界的同时还能保持它们在国内市场的竞争优势。

一些新的市场参与者将会在中国的投资领域发挥重要的作用，在财务报告、管理会计和成本与收入的及时披露等方面带来新的挑战。随着中国修改相关规定，允许外国投资银行将它们在中国合资企业的持股比例提升至 49%，国际投行将会成为拓宽资本渠道的重要推动力，这在开放中国金融市场方面也是重要的一步。

改变成本管理和控制的方式将会是中国所有企业在未来几年内面临的关键的战略财务问题，这需要有力的分析工具和管理会计技术。

《战略成本控制》一书就是出于这样的考虑而创作出来的。

本书之前的版本出版后，成本控制领域又出现了很多富有创新性的有效方法，提升了成本控制在公司高层战略计划中的重要性。原因主要有以下几点：

● 业务的全球化使得经营状况更加复杂。产品和服务的增加以及多样化，伴随着产品在规格、包装、标签、配送、销售人员的安排等方面的个性化要求。这些都在推动收入增加的同时提高了复杂程度，进而造成更高的成本。

● 政府管制的放松，特别是在服务市场，竞争程度加强，使得价格面临巨大的下行压力。成本的挑战和价格的压力如果不能解决，充其量只能保持住原来的利润率。

● 鉴于直接成本在公司总成本中的比重仍然在下降，成本控制应该更多地关注不断增加的越来越隐蔽的间接成本、销售及一般管理费用。已经在中国广泛传播的成本会计方法应该突破制造业，在更多的领域加以应用。

近来对成本控制的关注更多地转移到了监控、分析和控制销售及一般管理类项目的成本。下面的一些例子强调了我们需要将时间和精力集中于以下几点：

● 产品获利能力隐藏了真正的客户获利能力。

企业已经意识到成本的增加很大程度上与产品无关，而是与为建立和维系客户业务而提供的服务有关。例如应收账款、大量的售后服务、检查和发送客户订单、延期支付等。处理客户订单可能产生不了什么增量成本，但是如果对于某些特定客户群体的售后服务非常繁重，那么企业会产生大量的成本。

● 有针对性的分销渠道会降低成本。

品牌导向的成功企业承认它们可以通过收缩产品组合来保持收入和盈利性，因为它们将业务活动集中于占总销量 50% 以上的 10～15 个客户上。

● 资产消耗现金。

成本控制活动由损益表向资产负债表的转变在对成本习性的掌握方面更具有深刻性。企业一度将成本控制活动集中于损益表，特别是那些与销售及一般管理费用有关的科目。但是在涉及那些越来越重要的资产负债表科目时，例如应收账款和存货等，企业要求各业务单元在对传统意义上被定义为费用的人力成本、材料成本和财务成本负责的同时，也要对资产成本负责。必须多考虑客户的资产回报率，尤其是享有较长信用期和专门存货的特定客户。

● 利用机会成本。

在服务行业，服务被看做没有“货架期”的产品，银行和酒店的服务很符合这一描述，但是技术的发展使得这些市场参与者通过在截止期限前给予网上折扣，来衡量和获得低利用率的固定资产的收益，例如闲置的酒店客房和有期限的投资产品。

● 最大限度地利用空间。

尽管出现了家庭办公和虚拟办公，办公场地的成本在最近 20 年还是不断增加。最近的数据显示，为一名员工提供 10 平方米的“网络区域”的成本每年为

18 000美元左右，这包括工作站和所有公共区域按一定比例分摊的费用，例如会议室、接待区域和仓库。在获知场地成本后，企业可以制定更加优化的场地利用政策。

● 警惕隐藏的 IT 成本。

在当下以技术为中心的世界，IT 部门的负责人要面对整个组织所有部门的各种要求，从购买到升级或修理一些新的硬件和软件等。即便是最老练的经理，面对无法预知和不断攀升的 IT 费用也无可奈何。考虑以下几点：

——一般企业一台电脑每年的费用大概为 10 000 美元。

—由硬件导致的 IT 费用不到 10%，剩下 90% 的费用实际上都来自管理和运营支持。

——一名信息处理员工 1/3 的时间用来搜索数据，每名员工的效率损失使公司每年浪费 18 000 美元。

按照总拥有成本（TCO）的要求，核心的 IT 资产应该与其他的公司资产，例如智力和商誉等以同样的规则进行衡量。对于资本性投入的直接和间接成本的分析，应该同时包含与投资相关的硬件、软件、安装、培训、支持、故障、员工的配置、维护和基础建设的成本。将 IT 涉及的各个模块看做实施新项目的成本，可以为解释服务总成本的合理性增加一个新的维度；为新的安保工作和建立新客户的沟通渠道提供公司的数据库支持所带来的成本，以及所需的 IT 设备和各项间接成本，增加了每个项目的总拥有成本。

● 复杂性是公司经营的“隐形杀手”。

产品、服务以及相关的管理支持活动的数量越多、多样性越高，那么复杂性和成本也就越大。如果无法严格地区分消费者细分市场，也会导致复杂性和更高的成本。伴随着公司内涵式增长或并购扩张的活动，复杂性也会随之增加。一个单纯的但是值得肯定的内部报告行为也必须召开内部会议，产生一些规则或者引发一些管理行为，这些非必要的复杂情况会分散高级管理者的精力。同样，分布比较分散的企业主体倾向于以矩阵式的组织结构来应对全球化，通过任务小组来监控新技术和未来那些耗时的会议。高效的成本控制的核心是简化流程，而不仅仅是关注成本的削减。

结论

正如我在本书作业成本法（ABC）内容中指出的，通过识别公司每一个作业背后决定总成本的驱动因素，可以大大地减少成本。持续进行的对销售及一般管理费用科目的成本分析可以重新用来衡量哪些产品、客户、销售区域、分销渠道、

IT系统或者人员配置带来了最繁重的负担和成本。最后，调整产品定价系统以反映真实的成本！

我们已经准备好去迎接这些挑战了吗？

我们应该丢弃那些过时的业务驱动型的流程和不和谐的壁垒。更重要的是，国有和非国有企业都可以抽出更多宝贵的时间、优秀的人才和资产，走出中国，去寻求更强的国际影响力。

戴维·P·道尔（David P. Doyle）博士

于巴黎，2012年5月

Contents 目录

第1章

适应不断变化的时代

支出不要超过收入

追求创新

经过多年的成本削减、重组和合理化，企业的议事日程上一度没有了对这些问题的关注，转移到对创新的追求上来。其中一个很重要的理由就是管理者认识到改进的成本效益是公司收入增长不可替代的动因。促成这一转变的原因是互联网时代疯狂的创新步伐、加速缩短的产品生命周期、市场的放松管制和全球化竞争的加剧。

然而，这些泡沫破裂了。在狂热地追求创新和看起来毫无异议的销售增长中，成本这个维度被遗忘了。对多元化细分市场的过度追求、横跨多个市场的企业活动、品目繁多的产品生产、IT 设备上的过多花费以及相关的成本，开始占用大量的成本。面临销售下滑，公司内部开始出现一种必然的模式：重新审视所有企业职能，以削减成本。具有极强敏锐性的应急计划旨在控制开支，推迟资本投资决策，削减差旅等。我们从中得到什么经验教训？如果有的话也很少。

回顾战略

随着事后一切明了，公司的首脑将又一次有理由质疑基于全球规模和范围的战略是否依然值得追求。即使是最成功的公司也会得出这样的结论：战略和内部系统的增量变化，即使产生效果也可能不足以形成质的改变；如果没有效果，那么重要的资源将被浪费。顾问们很快指出，不管怎样，许多企业在 20 世纪 90 年代后期的扩张时代中让成本失控。

可以原谅公司首脑们相信重组——这一成本削减的委婉说法，但这注定不是一种可持续的战略。经历过 20 世纪 80 年代的人们将会记得那个重组盛行的年代，公司削减成本，关闭生产设施，裁减员工，减少不盈利的产品线，对供应商施加压力，结果是盈利提高了，公司变为精益型组织。重组显然是对过去战略失败的一个最符合逻辑的回答。

对于许多公司来说，聚焦于重组的战略计划可能依然没有结束。目前，一个成本削减时代即将来临，真正的挑战依然是找寻一种模式，这种模式应当能够保证资源集中运用在企业做得最好的那一部分业务上，而不是运用于薄利的业务，并且使得成本可计量和可管理。成本控制绝对应该回到企业的议事日程上，而且就该一直如此。

获得最大价值的组织资源同时尽量减少成本，将继续成为当前以及以后企业管理者面临的一个关键战略问题。这一重点的起源没有改变：组织面临着日益增长的市场和产品国际化，更高的股东要求以及易变的经济环境。

这也是受到过去几年互联网销售失败的刺激。作为旧经济的竞争对手，互联网运营商现在也被按照同样的标准去评价。成本控制在关注名单上排位很高。接受廉价资本看起来削弱了对成本控制的刺激。许多缺乏经验的企业家发现他们对于争取投资者很有天赋，但是对于管理吸引力较小的部分，比如存货控制和市场支出，却缺乏兴趣和能力。

回到过去的黄金时代，企业可以依赖于借债安全度过暂时的经济衰退。然而，20 世纪 80 年代的债务狂欢时代已经过去。需求增长的放缓，日益减少的利润空间和加剧的国际化竞争已经联合起来将过去可控的债务变为具有破坏性的负担，并且公司的债务负担逐渐在侵蚀利润，据报道，利息支出已经占据了企业 1/3 的利润。商业首领们已经开始更多地关注成本和现金流管理，保持较低的资产负债水平，以防止由于过多的负债而导致商业利润减少。

伴随着全球竞争的加剧，高层管理者发现另外一个在 20 世纪 90 年代之前受欢迎的战术——提高价格，已经很困难了。高负债公司现在总是处于这样一种情况：以一个虚增的价格处置资产以减轻它们的债务责任，诉诸削减开支以保持现金流。企业想要在不损害质量的前提下提升内部效率和削减成本，这就促使它们进行一系列的分拆、分割和外包服务，而这些业务之前都是由中央总部操控的。

从长远角度考虑，如果想使公司免于结构性破坏，就不能一味通过分拆和抛售非核心业务解决问题。

许多追求业务跨越多个领域的企业处于一个经常变化和不断动荡的国际宏观经济条件之下，这也是促使我们更加仔细地研究成本，以使得物流、信息管理、市场营销等活动得以顺畅进行的一个因素。具有国际化目标的企业一直致力于寻找一个合适的基础，以达到资源的恰当平衡。假定不确定的经济状况不是企业战略计划内的预算项目，那么管理者可以通过抛售业务和推迟收购来进行控制。

许多分析家相信，在资本高度密集的行业，例如航空业，现行的商业运营策略太刻板：当收入减少时，成本依然不变。公司需要构建一种反应机制，使得收入减少时成本迅速降低。对于许多行业部门，未来的收入容易出现问题，刚刚出现就会很快消失，这将比过去更加难以琢磨，更重要的是，这种收入变化无法被管理者掌控和影响。通过努力实现销售来证明公司现有的成本结构和竞争模式的合理性的时代已经过去了。

企业管理系统中隐藏的危机

世界范围内的大企业处于一种危机中，这种危机使得更好的资源管理方式成为迫切需求。形成这种长期危机的其中一个很简单的原因是，大部分企业处于发达经济中。大部分企业在一个世纪之前就在各自的市场中占据了优势位置。这些企业内部的组织、层级和文化要追溯到 20 世纪 30 年代，且与企业现在所面临的问题不能相协调。比如：

- 在许多领域对于几乎每一个公司而言，国际竞争已经成为它们进行商业活动不可分割的一部分，这使得它们在国内市场的防护墙被拆除，一贯的利润水平也宣告结束。
- 由日本公司首先引进的将生产系统由繁杂转变为简化的创新，激起了生产商和销售商对于它们的角色和技术的重新思考。那些服务型组织不得不面对近年来的这些挑战。
- 具备整理、分析、传播信息能力的廉价信息技术遍布于各个组织并且跨越了国境，这些技术的快速发展使得大企业传统的多层次的管理方式变得没有必要。
- 创新的信息技术、弹性制造系统和外部设备的支持导致一种更加经济的成本，这些都使得规模经济的优势大大减弱；相反，由间接费用、主要的职能部门和刚性系统带来的规模不经济性变得越来越明显。

因为实行弹性工作系统和质量控制而长期以来被西方企业推崇的日本制造企业，目前也面临着残酷的现实，但是原因有所不同：日本工业实力很大程度上得益于银行和股票交易所的可接受的融资水平，这也是导致固定成本上升而引发的业绩下滑被隐藏起来的一个因素。回顾20世纪90年代，许多企业在泡沫破裂后都受困于负资产。这些企业目前更多的是在还清债务，而不是进行投资，加重了资产价值的下降。随着价格的下降，债务的真正价值却在增加。现在公司更注重成本控制，收缩产品线，延长产品的生命周期并使供应网络合理化。

成本削减可能误入歧途

股东们的要求变得更多，非执行董事变得更加警觉，而公司以削减成本来回应所面临的这些压力。尽管削减成本本身并没有错，公司却继续面临生产效率低下、现金流不稳定、股东投资回报不足等问题。一些企业专家认为几乎没有公司能从精简模式中真正受益，原因在于公司没有首先改变导致高成本的费用开支模式。

许多公司都在准备一个新的成本削减计划，这些削减计划对组织的所有部分会产生破坏性影响，而开明的高级管理人员还发现了三个令人惊讶的额外结果。

隐藏的效果

重复的成本削减会最终降低产品的质量、疏远顾客和供应商，并且向股东和全社会传达错误的信息。这对生产率提高和中层管理者的行为反应没有明显的负面影响。高层管理者对白领开销的错误攻击正在改变欧美企业并且威胁到员工的忠诚度。去除公司的中层管理者会削弱控制，并且导致公司舞弊的增加。用“刀耕火种”的方法去减少员工编制而导致高产活动会和非生产活动一同被淘汰，这是在走向失败，除非能找到一种新的缩减规模的方法。当裁员致使公司失去那些有经验的员工时，这种成本是巨大的。失去人才只是不愉快的结果之一：20世纪80年代，那些削减了许多职位的公司最终都因为遣散费而背上了沉重的负担，当经济开始复苏时，甚至要花费更多的费用去寻找替代的员工。必须将突破口集中于寻找减少工作量而非劳动力的方法，将解放出来的资源用于更加值得的、能够增加价值而非增加成本的、以市场为主导的目标。

强调人工成本

直接人工成本是现代工厂全部成本中的一小部分，却总是首先被大幅度削减，而用于支持活动的固定间接成本却大幅度增加，但是财务管理者却忽略了这些事实，依然将重点放在记录劳动时间、生产力和检查偏离预算的微小变动上。目前，直接人工成本平均只占总制造成本的 15%，而材料费超过了 50%，总间接费用超过了 30%。强调人工成本和劳动生产率导致高层管理者忽略了材料成本和过多的存货所引发的问题。更重要的是，这挡住了管理者的视线，使他们没有意识到间接成本能够为重新评估和削减成本提供更多的机会。

部分的原因是当代工厂运行的方式。企业不断地生产品种繁多的产品，并在短暂的易于改变的市场出售。同时，倾向于使用更多外购的、预先装配好的部件。在技术密集型行业，例如汽车行业和飞机制造业，越来越复杂的装配机器使得企业几乎不需要人工。在大部分高度自动化的装配工厂，人工成本下降到工厂总运营成本的 5%～10%，剩余的由资本成本和外购零部件成本构成。支持这些活动的间接成本因此以三倍于人工和材料成本的速度增长，特别是对制造业的支持活动，例如调度、计划、采购和质量控制。同样的，一般业务和销售支持业务，例如销售、应收账款、售后服务、物流和一般行政管理，也扮演着重要的角色。

美国的研究表明，在大部分企业人工成本占总成本的比例由 1970 年的 30%下降到 1990 年的 10%。当管理者开始以公司的直接人工为基础分配公司的间接费用去决定产品的实际成本，对真正的成本结构就会出现误会和曲解，随之而来的是决策的失误。

人工成本以最小的成本因素出现，在任何情况下都会被追溯到产品和产品线中去，其他的支持性间接费用代表着最大的成本，被不加区分地分配到各种产品线中。在现代的生产多种产品的公司中，订购、储存、检查以及设备配置的成本，往往占据着工厂间接成本的绝大部分。

根据高级采购研究中心的研究，随着越来越多的公司将内部服务外包，公司目前在服务上的花费大约占总花费的 54%，大约是花费在其他类别上的两倍多，包括原材料和经营性商品。

成本系统的失败

管理者在组织中实施自动化时，依靠的是错误的数字。研究指出实施自动化时成本系统的失败：新机器使用较少的直接人工，但是程序和工程部分需要更多的支持，而这些在设计和实施新系统时没有被预见。通过自动化生产的产品没有承担足够的间接费用，然而通过传统方法生产的产品却承担了过多的费用，比如那些劳动密集型方法。实际的结果就是高层管理者得到不准确的信息或者不明确的被误导的数据，因此他们不能测量出真正的花费。

工厂生产一系列不同产量和复杂程度的产品时会发生较高的间接成本，这时会计系统对于定价、产量，更糟糕的是资源配置，会传达出错误的信号。

技术：第四个成本因素

技术破坏了传统会计人员对于成本类别的简明的、结构性的定义，即采用人工费、材料费和间接成本的分类方式。技术从哪里融入这三个成本类别？不充足和不完整的技术项目成本核算导致产品、销售区域和制造工厂以过分夸大的措辞来分配它们的成本。

人工费、材料费和间接成本的分类在 20 世纪 30 年代早期的大规模生产革命时期是恰当的，当时在劳动力高度密集的工厂，只提供单一颜色的、没有选择的型号的产品。随着逐渐实施自动化的企业越来越多，技术成本不总是被管理者用有效的方式独立地确定、测量、控制和应用，成本控制的复杂性也开始增加。然而，这些成本是现代企业有形的组成部分。一些专家表明美国资本支出的大约 60%是信息技术的相关支出，两倍于 20 世纪 90 年代早期的 30%。

在接下来的许多年里，信息技术将毫无疑问地成为改变办公环境的唯一最重要的催化剂。它不仅会改变人们的工作，而且会改变人们工作的方式，甚至人们工作的实体地点都有可能会改变，因为集成但是分散的电子信息系统使得在家里办公变得可行。

越来越多的企业现在意识到信息被创造、使用、分享、存储和检索的方式似乎是使它们更具竞争力的一种有效工具。为了达到这一目标它们需要合适的信息技术设备。然而，安装不善的电子产品是昂贵、无效的，并且不能满足组织需要，这就导致了员工的士气下降。

几乎所有的办公室工作人员都将自己办公桌上的个人电脑和企业的主机连接起来，这样一来从技术投资中获取价值成为解决成本控制问题的经理面临的最大挑战之一，这同时也是组织中增长最快的成本之一。在 1995—2000 年之间，美国工业的信息技术投资以每年 20%的速度增长，速度几乎是 1987—1995 年的两倍。然而，麦肯锡全球研究所在很多行业都发现了“IT 悖论”：20 世纪 90 年代中期，对信息技术进行大量投资的公司却几乎没有得到切实的改善。在欧盟一些国家的零售银行业，信息技术开销占据了非利息费用的 15%，相当于 1995—1999 年给每个员工4 600美元或者两台个人电脑。随着越来越多的公司通过自动化来寻求提高效率，数据处理费用每年上升 10%。在很多公司，信息技术的使用成为加强竞争力的有效手段，例如在市场营销、分销和销售活动等领域。尽管信息技术和其他支持活动消耗了巨额成本，但这些成本是否被市场营销决策者针对目标客户群制定合适价格时所意识和考虑到了呢？

作为一项资产，信息技术设备也许是许多公司管理最少的投资。很少能够得到有关信息技术资源的成本和收益的有意义的信息，尤其少的是减少信息技术总拥有成本的方法。

最终结果：战略决策受损

这些因素结合起来会对高层管理者造成一个一致的最终结果。核心战略决策很难解决一些问题，例如：

- 哪些产品或产品范围的生产应该停止或加强？
- 工厂和办公室是否还需要进一步的自动化？
- 进一步的收购对组织结构和报告系统有什么影响？
- 自制或外购：哪一个是最佳的解决办法？
- 应该服务于哪些市场、细分市场或者客户类别？
- 应该保持何种存货水平？

一些组织承认，尽管不凭借长期的削减成本是很难管理的，但是活动和人员（会引发成本的那些人）可以被更有效地管理。此外，活动可以受到更加严格的考核——甚至是理所当然的，由此可以加强对活动自身及其价值的理解，最终追踪所包含的间接成本。这个过程会导致对服务的重新定义和更好的控制，并且更加精细化的成本削减方式将会取代简单的线性削减方式。

尽管经理的时间被各种事务占据，但仍旧可以每五年对企业每项支持活动进行一次彻底的再评估。管理者有一个选择：花费更多的时间在适应系统和文书工作上，还是花费一些时间用于将这些工作减少至一个合适的现实的水平。有一件事情是确定的：留给他们自己的是间接活动会继续成倍增加。事实上，任何组织的正常运营都会导致间接成本增长。

然而，管理者的错误观念——作业会产生间接成本，本质上是抗拒分析和控制，这导致了管理者在解决问题时的惯性。如果这些问题得不到解决，组织内部增长的间接成本有三个具有潜在危险性的结果：

- 组织规模的扩大导致组织范围和规模增加。增加新的作业总是比减少来得容易。当危机来临时，责任中心经理简单的应对办法是增加工作量，却会导致组织其他相关成本因此升高，在他们称赞自己的做法时，却不知道他们的做法导致了组织止步不前。此外，高层做出的决策经常会脱离一些领域中所发生的现实情况，比如在研发领域、分销中心、工厂车间和客户所在地。

- 增加投资回收时间导致投资回收期漫长。没有耐心的投资者不会等待数年的回收期并且增加投资。当承诺的报酬没有兑现，投资者会立刻要求减少投资，并且许多基本服务和初步活动会马上减少，只能使问题复杂化。公司领导者总是抱怨个人和机构股东的短期行为，抱怨他们在决定卖出股份之前没有看到下一次分红。
- 对报告系统增加的依赖性会导致管理者对正式决策制定机制和过多分层控制的依赖，以及频繁地依靠纸质和电子汇报系统。可以想象，纸质工作、电子信息等会变得越来越比人重要，管理者和员工开始互相发邮件，因为他们发现没有机会去交谈。人们会花时间写更多的报告、邮件和表格，因为他们相信会有人去阅读并回复。

对行为的关注

行为问题同样也在复杂的问题中扮演重要的角色。考虑一下公司支持服务的使用者和提供者之间的关系：IT 或者法律部门向组织的其他部门提供有关成本效益的服务时，它们自己不具备有关成本的产生和提供的相关知识，公司该如何进行培训？反过来，大型的服务使用者，例如营销部门和人力资源部门，不能够评估服务部门提供给它们的特殊支持服务的最终价值。

逐渐庞大的专业的“知识型员工”队伍——管理大师彼得·德鲁克创造的一个术语——已经出现，并且在进一步增加。他们通常痴迷于工作的技术层面，容易忽视对公司整体价值的贡献。同时，为了追求高层次的专业水平，这些部门提供的服务的质量水平可能不符合组织的真正需要，它们会鼓励用户要求更多的相同服务，以此来促销它们所提供的服务。

这种组建一个组织的方法所带来的行为学意义上的暗示也趋于加重对服务部门的误导。负责专项职能的责任中心经理会更频繁地取悦于高层，而不是将实际的成本控制于标准状态或者标准状态之下。事实上，如果他们落后于计划或预算分配超支，只要他们针对高级管理人员的质疑能拿出一个及时的专业回答，他们就几乎不会丧失信任。现实情况还会被那些进行实际操作的低层管理人员的认识扭曲。彼得·德鲁克就这一现象对经理们提出过警告：

> "老板所做的和所说的，他的不经意间的言论，他的习惯都会趋向于被付诸预算、计划和特殊意义。"

部门经理会找一个极具说服力的动机来解释已经开始的项目，而这一动机也庇护着资源的过度使用。有这样一个说法，那就是经理人的地位和工资往往是直接与其部门大小相联系的，如此就鼓励了那种尽可能扩大部门的趋势，即增加员工的数量。责任中心经理倾向于回避成本方面的批评，他们生怕有人发现成本是可以进一步压缩的，因为这将意味着他们过去的管理存在缺陷。

即使在企业外包大行其道的20世纪90年代，用代替企业内部服务和活动的一系列的大量外包也没有解决这些问题。企业外包转变为管理少数初级承包商，初级承包商再将这些工作分摊给数百个转包商。利用这种合同关系网络获取最佳的功能水平是极其困难的。与外包合作企业洽谈、监督和维护合同关系的成本不能简单地被电子通信交流代替。

在上述的所有情况下，这样的行为反映了服务单位及其用户对成本因素的无知，导致许多服务的目的不能证明其成本花得值得。组织中缺乏一个概念框架来质疑这些成本，以至于对于日常开支中这些积习已久的问题毫无办法。因此，据一些管理观察者所言，许多公司仍然将运营中一些棘手的次要因素委托给外部公司，这也就没什么大惊小怪的了。

更改焦点

追踪间接成本的终极目标是转移抓狂的高层管理者的注意力，鼓励他们将其人际关系和领导技能作为关注的焦点，使他们从公司日常的鸡毛蒜皮的事情中脱身出来，以便集中精力于业务的主要驱动力方面，如此这般，对提高业绩大有裨益。对成本控制做出更具战略水平的改进，抛弃年度预算周期中狭隘的制约框架和任意的缩小规模，这就要求：

- 考察那些不同于缩减规模的成本控制方法，从增值和成本控制的角度来评价各种活动，从而改变管理者在生产、报告、监督、控制、评价、销售产品及其他方面的习惯。
- 找出办法，消除或尽量减少不必要的或低附加值的任务和活动，但前提是活动虽然会产生费用，但是压缩开支并不意味着要消除活动本身。

要点

- 公司领导应质疑根据全球市场的大小和规模所制定出来的公司战略是不是可持续和经济有效的。
- 公司结构和分级报告制度需要作出微调，并且随着全球状况的改变而改进。
- 重复和杂乱无章的削减成本，最终将会有害于公司的健康发展，特别是在高技术人才流失的情况下。
- 持续地削减中层管理者的人数将会导致内部控制的削弱，对舞弊的监督力度也将降低。
- 企业需要不断地检查导致高成本的工作模式、信息流和行为。
- 直接人工是整个组织成本中一个正在下降的部分，支持性的间接费用和营销成本正在以三倍的速度增长，但是很少有人能意识到，这导致了成本在整个产品线上的错误分配。
- 公司采用的信息技术如何在人工费、材料费和间接成本上去融入传统成本结构？信息技术可以作为一项活动，或者其他责任中心不可或缺的一部分被单独衡量吗？
- 采用传统的成本计算方法，如果公司生产数量不一、不同复杂程度的多样化的产品，不准确、不相关和误导性的信息就会增加，这样就会导致决策的错误和资源配置的失衡。
- 在目前的状况下，努力去实现销售增长来证明公司现行成本基础的合理性也许是不现实的。
- 作为一项资产，信息技术对于很多公司来说也许是管理最少的投资。
- 成本控制应该成为企业议事日程上一个永久的议题；持续的周期性经济波动将会加速这个趋势。

检查表

专业支持性服务的提供者和使用者知道提供这些服务的真实成本吗？ □

提供这些服务的成本可以被全部或者部分地量化，并且传递给使用者吗？ □

组织的决策过程依然是基于等级制度控制下的吗？ □

这种方法会产生不必要的大量文件或者电子信息传输和存档系统，以及增加员工负担吗？ □

在不降低财务管理以及人力资源管理效率的前提下，这个过程可以被简化吗？ □

随着组织规模的扩大和地域情况的复杂，高层管理者能够有效地使用 IT 工具来明确在研发实验室、分销中心、工厂以及客户所在地发生了什么吗？	□
作业评价能够覆盖组织的各个领域吗？它能足够彻底地激发有关组织愿景的重新定义吗？	□
创新的 IT 方案、弹性制造系统和外部运营支持设施能够减少对于规模经济的依赖吗？	□
组织能否发展出更加灵活的商业模式，使企业在短期收入降低时能够快速地削减成本？	□

第2章

企业预算过程

超越增量法

预算程序是不是冗杂的？

对于很多CEO和责任中心的经理来说，预算可能是他们日常事务中较不引人注意的一个方面。传统的预算已经成为一个企业惯例，在每年的最后四个月中来制定：在9月末，管理高层会发布一个预算简报来概述工作的重点和遵循的步骤；在10月，管理高层会给初始预算一些初步的建议；在11月，不同的责任中心的负责人会提交他们详细的预算；在12月，董事会最终批准前对这些预算进行审查，以防止在未来进行修订和重做。那些地域分布非常广泛，细分市场非常多样的企业，在进行预算编制时会更加复杂。

在很多管理分析家的观点中，传统的组织预算过程是导致资源有效配置方向错误的一个首要因素。预算过程就其本质而言，并不总是有活力的，它可能仅仅是每年都被讨论的一个僵化的程序，并且不经审查就机械地批准一些主要的日常开支种类。除此之外，预算还有其他公认的缺陷：

- 预算支持和维持老式的“命令控制”式结构，这一结构是过去遗留下来的，在那时，商业活动可以被很好地预测。由于其本质是集权化和等级化的，预算程序会成为战略调整的障碍，这种调整包括团队工作模式、赋予员工更多的责任和更多的授权等。
- 预算通常与年度财务报告的周期相一致，体现在各种法定财务报告中，例如损益表和资产负债表。这一周期不适合那些处在市场飞速变化，经济不断波动的环境中的企业。

- 预算会产生一种建立在递增模式下的企业文化，结果会使预算成为发展预期的上限和成本削减的下限。
- 预算的过程需要花费大量的时间在检查数据、收支计算、制作多种表格和校正上，这样就会错过把同样的时间用来思考可以提升业绩的业务基本驱动因素上。
- 预算会扼杀利用业务部门之间协同效应的机会。长此以往，各个部门只想保护各自的地盘，而不是将各种力量组合起来以获得供应商更好的报价、资源共享的便利，以及制造新的市场机会等。
- 预算从它被执行时起就往往是冗杂的。大部分的预算数字和它们依据的假设都是在上一年度的数据和条件基础上计算出来的，并利用一年的时间去起草制定，直到下一个周期才能应用。从那时起，外部市场的情况可能已经发生了巨大的变化。
- 预算不能够发现当代企业生命力的关键驱动因素，该因素可以增加股东价值，例如知识和智力资本。

预算作为评估成本的工具

为什么要使用预算程序来控制成本？管理者会很快地意识到预算经常被作为管理和控制组织财务时使用的唯一的基础工具。如果使用得当，在以控制成本为目的的评估活动中，预算可以成为最合适的出发点。在传统预算方式下，在经常性活动中占有很大比例的营销、IT、报告系统和人力资源等只是在预算时被讨论，之后做出的决策会对管理者接下来 12 个月甚至更长时间的工作做出安排。

随意的决策会妨碍控制

学者们很早就指出了仅仅依靠年度预算程序来控制日常开支带来的危险：

- 预算程序最令人不安的特性表现在它对包括从广告和研发到数据录入和房屋维修在内的庞大费用的分配通常是根据那些未经深思熟虑的决定做出的。换句话说，这些分配是根据管理高层作出的适合相关环境的决定而制定的，这些决定中最重要的部分是在预算过程中做出的。
- 间接费用相关活动被普遍认为很难和利润、销售额或者其他效率指标联系起来，致使决策程序从根本上变得更加复杂。对于应该增加还是减少开支的申请理由通常是由无法量化的、判断性的措辞来表述。尽管这些决定是基于合理判断，但它们也往往是不客观的。

- 由于没有足够的时间，间接费用相关活动并不是被经常性和系统性地检查，缺少一个概念性和分析性的框架不利于为这些检查提供一个结构化的焦点。

最终，管理层必须根据预算分配提议决定工作量，但这一步骤经常由于不完整和不充分的信息而无法顺利进行。预算由于在现状分析和未来预测中提供不可靠的数字而饱受诟病。管理层通常是结合对未来有限的思考，对已经存在的趋势做出推断。因此，高层管理者需要通过数字来提出以下两个基础性的问题：

1. 预算草案是否提供了所有有关的必需的信息来做出决策？
2. 预算草案是否包含了人们感兴趣但是毫不相关的信息从而掩盖了真实的问题？

有些信息（诸如被指派到特定活动的员工数量，每一项活动的全部费用，以及这些费用在若干年内的记录等）即便包含在预算草案中，在指导高层决策时也并不具有太多的价值。同样的，根据待完成任务而分类的成本也无法洞悉该项目未来的成败。甚至预算系统内在控制的新形式，例如月度销售利润率、销售净额和营业利润，也只是业绩评价指标体系的一部分。

预算的灵活性

通常在困难时期，高层管理者会用以下方法来应对：

- 不进行详细审查就批准，因为没有时间来深入地审核这些活动。
- 关注个人非常关心的项目（例如广告、培训等）的需求。
- 强制削减。

不管怎样，所有以类似方法做出决策的经济体会走向虚假繁荣，然后经济活动会在危机过后渐渐恢复。毫无疑问，经验丰富的管理者倾向于寻找替代方法，即通过创造性的会计策略来提高利润。

每年讨论主要的间接费用预算时，一些管理者会出现“皮球综合征”（rubber-ball syndrome），表现为紧缩时期他们会减少费用，而当情况变好时他们又会增加费用。当对间接费用提出质疑时，产生费用的那些责任中心的经理往往会说：“是的，但是公司在发展壮大中。”然后管理高层会回答：“很好，但是如果这种发展停止了，你就必须削减开支!”这恰恰在现在很多行业中非常普遍地存在。

在经济高涨的时期，公司高层很少需要对费用施加控制。在这一时期可以增加资金来扩张，这些资金通常已经足够促使所有的部门朝着共同的目标和方向努力，即使这些资金并不像下属部门负责人希望的那么多。

在预算过程中，激烈的市场竞争环境会使各业务单元的战略部门负责人对预算进行严格的审查。投资资本只会流向那些有潜力在全球市场上具有竞争力和做强的业务单元，而其他的业务单元发现它们的现金和资产正在被掏空。

可是，激烈的市场环境也可能使高层管理者导向一个带有错误指向的观点：为了有利于激励管理者追求“挑战性的目标”，可以放弃传统的预算模型。一家领先的国际性消费品集团发现，预算中“挑战性的目标”的预测方法使全集团的产品经理都坐卧不安。产品经理提高并不存在的需求预测值，导致该集团严重的存货积压。

预算策略

经营活动的时间限制和不充分的分析信息常常伴随着另外一个管理障碍，那就是强加于各部门的自上而下的垂直预算结构。这在某种程度上算是一种公司的游戏，有一些不成文的游戏规则，例如部门负责人不能明确地或者不能揭示反映经营活动真实成本的要素。考虑以下三种现象。

“隐性成本”现象

熟悉这一游戏的有经验的财务主管可以很容易地识别出这一策略：在项目工程或者单项产品上通过有意或者无意地加入间接的关联成本，使成本在原始估计数之上被夸大。

在办公室或者工厂里安装自动化设备所产生的潜在成本就是过去常见的一个例子。在采用新技术上，财务主管在那时缺少合理解释这些超额开支项目的证据，确实在引进新技术的初期很难确定其带来的价值和收益。

由于数据中心和管理信息系统的出现，各个部门在最高管理层的压力下急切渴望通过 IT 投入获得更多的价值，同时，配备计算机所带来的电力成本已经占到年收入的 10%。在这种情况下，企业亟须进行更加有序和更强分析性的探索。美国最近的研究结果阐明了为什么终端用户计算机系统的成本会占全部销售额的 2%，原因就是隐性成本的因素。尽管传统上每个工作站的计算机处理预算显示是 4 500～6 000美元，但真实的成本却接近 12 000 美元。

该如何解释这些不一致，并且精确地制定预算呢？有三个因素可以让我们更好地集中于技术及其对利润的影响：

1. 监督/提高输入效果

当责任中心的IT专家花费时间向他人演示如何运行新系统或者修正错误时，他们的工作并没有完成。实际中，专家的时间成本并没有在预算中的任何地方详细列明或者用数字表示出来。在制定整个运营过程的预算中，应用新系统时的学习曲线效应和集体培训的负担很少被考虑进去。

2. 软件和硬件的增加

由于企业从不同的供应商那里购得更多的IT设备和软件，把它们整合成一个整体来协调地工作已经成为一个问题，更别提培训和安全的考虑了。问题总是由微小的故障引起的。难点就是在业务或者内部服务遭受损失之前定位故障。越来越复杂的IT系统和软件，以及不同供应商系统不断突出的定制特性，导致整体框架的不可依赖和成本浪费。

一家英国的主要银行发现它的计算机设备的规模在不断增加，因为它与超过270家供应商签订了维修合同。由此产生的成本和管理负担让该银行和一个计算机企业签订了一份标的额达5 000万英镑的第三方维修合同。

3. 维修和保养

多样的系统就意味着成倍的维修合同和修理时间。如果全球的网络依赖于所有部分同时协调运行，那么很难避免破产和代价高昂的停业。相似的隐性成本还会发生在要求企业使用特定的办公设备和复印机的合同中。客户公司发现原本以为是低成本的交易，结果从长期看却是成本高昂的，因为：

- 复印成本的同比增加不易被发现；
- 供应商的维修合同可能持续十年之久，远超过机器的平均使用寿命；
- 签订新设备合同后，之前的旧协议会增加成本。

在工厂环境里，维修活动并不总是与先进的制造业技术同步，这就导致了生产延迟和停工。直接的维修成本和停工所导致的销售机会的丢失很少能在预算中有所安排。可是，很多管理学专家指出，花费在维修上的费用可能占到销售额的5%。

过去，解决维修过程中内在的隐性成本这一问题相对简单：依靠过量的存货、额外加班、补充产能的谈判或者外包给外部生产商都是一些很明显的办法。对这些隐性成本更加严厉地控制和引进“适时”（JIT）制造流程可以解决一部分这样的问题，但是这些方法也会凸显计划不周的维修政策所带来的危险。

传统的成本系统毫无帮助，它倾向于将焦点放在劳动生产率而不是资本成本和收益上。最近，生命周期长的产品已经越来越少，取而代之的是各种各样生命周期不固定的产品，但是成本会计并不总能跟上这样的步伐。如今，固定的资本成本和 IT 成本在产品最终成本中所占的比例越来越大，而劳动力和原材料成本则不断降低。

如果维修措施非常差劲和不连贯，在企业内部也没有一个人能对此承担全部的责任，那么制造流程就非常容易受到频繁中断的影响，导致购买昂贵精密技术设备和系统的预算决策变得没有太大的价值。

高层管理者在提出建议时需要更加警惕地探查这种预算策略。责任中心负责人可以使用更具前瞻性的方法，为如何制定预算提供一个更清晰的指导。这种指导应该强调一些长期的成本，例如设计开发、安装测试，其他诸如厂房翻新等费用。同样的，后续的保养、维修、培训和其他关联成本也必须纳入预算。

“技术领先”现象

下面这种看法表述了这一策略：如果公司想要保持或者获得在某一行业的领先地位，那么它必须采用最先进的技术、设备和营销知识等。有时候，实现这一策略消耗的成本水平已经超过了改变公司结构和市场地位所需要的成本水平。

责任中心负责人需要提出资金申请，高层管理者可借此机会令其清晰阐述这一技术会给组织带来的短期和长期收益。我们以提供家庭购物的电子商务企业为例，尽管与传统的零售相比，这种模式由于有限的固定资产和人员，初期的投入本来短期内就可以收回，但是它还要承担其他成本。如果问题得不到解决，那么拥有电子商务方面最尖端的技术也不一定会获益，因为客户不愿意为优质但昂贵的送货上门服务埋单。

如果想在由专家负责的自动化项目上保持不断更新，并且尽力追赶其他的成功企业，那么付出的代价是十分高昂的。一个典型的建议就是使现有的文本和档案系统由更加强大的电子程序来自动操作。很多时候，新兴的系统并没有被充分地分析以确保自动化技术正在被用来提供当前问题的解决方案。目的应该是解决当前有纸化系统的障碍和重复性问题，以便简化决策制定和控制，否则，企业最终只能使当前系统的低效率部分自动化而已。

要解决这个问题，需要高层管理者和其他制定决策的人员建立一个多学科、跨部门的工作团队，研究和实施一个项目来精简文书工作。如果预先清除组织的手动系统，那么可以节省很多的时间和金钱，避免 IT 专家的不满。的确，实行了这些措施后，参与者会有两种反应：一种是发现自己一点也不需要最新的 IT 设备；一种是觉得至少需要一个不那么精密的系统。

“我们是专家”现象

专家群体要求组建一个只能由在某领域具备该项目必需知识的专家组成的部门，有些专家自以为是地声称这项关于预算的建议必须被采纳，更麻烦的是，很多高层管理者已经习惯于认为他们没有权力去质问这样的专家。

当专业部门经理的工作的某些方面受到质疑时，高层管理者常常面对的是一个冗长的技术性解释，而且非常难以理解。有一个很熟悉的案例，一家美国企业的首席执行官（CEO）质疑一个新整合的采购系统成本过高，然后就得到了一个长达 4 个小时的关于整个系统结构的阐述，包括制造过程、存货清单和采购。这位 CEO 在会议最后更加确信运营成本的激增已经无法控制，而且仅仅是因为他缺乏对于系统的专业知识而导致他无法更加深入地调查。

专业职能部门要以普通人员能够理解的方式来表达他们的要求，但这还不够，还需要一些谨慎。有时候，如果预期收益无法被证实，那么会导致项目延期，可能会错失机遇。

IT：基于战略利益的考虑

过时的设备或者信息系统无法利用新型的高效数据收集和分析技术，使资源的产出率非常低。同样的，如果把最新的技术嵌入到老化过时的管理或者生产系统中，或者让没有受过良好训练的人员来运行，那么这种投入也会被浪费。企业的计算机系统更加趋于标准化，以此来降低计算机硬件和软件的成本，高层管理者不会再被 IT 预算局限，取而代之的是 IT 专家确保他们实施的商业应用的效率和速度的能力。节省劳动力不再是购买新技术的唯一原因。我们谈论预算的焦点应该是获得 IT 技术来缩短交货周期、提高质量、减少存货和增加流动性。

最重要的是，预算决策应该由使用者和提供者共同做出，并且更多地建立在发现机遇和最小化风险的基础上，而不仅仅基于人们普遍关注的技术特性——这只是管理者的自动化玩具。在衡量成本因素方面，IT 投入所带来的可量化收益应该和提升管理决策质量一同被考虑。

以工厂自动化领域为例，很多企业由于谨慎地引进了计算机集成制造系统（computer integrated manufacturing systems，CIMS），实现了令人惊奇的生产率提升，加速了重要信息流向和通过车间的速度，这些都是技术引起的。实际上，直接人工的节省仅仅是制造业 IT 技术发展所带来的一个小的好处，CIMS 还可以很大程度地节省间接人工和中层管理者的成本，这些通常占总成本的将近 45%，与此相比，直接成本只占 10%～15%。一些最先进的设备可以降低高达 25%的质量控制成本。

改良的预算文化：变革的工具

很明显，如果让传统的预算程序为一个设计用来评估进行中的活动提供更加稳健的分析性框架基础，那么它必须要进行一场根本性的变革。在这场变革中，高层管理者扮演着重要的角色。面临的挑战就是将已经程序化的“增加金额”文化改变成授权责任中心经理去重新评估其各自的领域来优化使用资金的文化。

组织应该从哪里开始变革？高层管理者必须明确地指出以下一系列改进的预算原则：

1. 政策的制定必须结合分析它们对预算的影响。必须要求每个责任中心负责人在他们的建议中附加一个“影响分析”，也就是说新系统的成本含义、结构或者贡献应该体现在责任中心预算上。除此之外，还要考虑观察不同业务单元和责任中心之间政策制定时的因果关系，也就是预算会如何影响整个工作流程和其他的职能。

2. 提出的目标和实现目标所需的活动应该成为预算讨论的焦点，而不是所需资源的类型；管理者在提交建议时需要考虑项目或者计划条款，这样将会促使更加公正地概述必须要实现的目标和怎样去实现。更重要的是，经理们将不得不从活动中所有的运行方面和相关成本角度来进行思考。

3. 责任中心负责人不仅应该对他们的活动结果负责，而且应该确保他们支配的资源能够高产出。部门预算应该反映这个现实，也就是目标应该在预算的约束下清晰地表述，同时允许在手段和资源上灵活选择。更加透明的分项目预算可以使这项操作更加便利。经理们要对各自的预算负责，因而采用了一种具有前瞻性的即时预测方法，该方法建立在他们所认为的每几个月内完成某项工作所需要的资源之上。如果预算是由高层管理者制定的，各部门有责任通过内部定期的检查完成各自的预算，进而进行更及时的成本监控。

4. 责任中心负责人应该为决策制定者提供明确的可供选择的备选项。以下两方面应该有不同的备选项：

- 能够设想到的实现一个特定目标的不同选择；
- 渴望实现这些目标的不同强烈程度。

5. 即便把预算提案和决策限定在一个年度的时间框架内，也必须设想一下长期的影响；应该鼓励经理们跳出年度财务报告强制规定的一年周期，要看得更长远，制定支持他们预算请求的中期和长期计划。焦点应该是在贯穿投资始终的基础上分配和管理资源，而不是短期的预算分配。

6. 通过给部门经理提供有关组织计划的和正在进行的活动信息，提高他们选择重点和重新配置资源的能力。例如，组织想在接下来的五年内开辟新的海外市场的意图会对培训、售后服务和会计程序有很大的指导意义。另外，为责任中心负责人提供有关维持管理费、IT 开支、工资成本等详尽的成本信息，可以促使他们意识到其中期到长期决策的影响。

7. 收益应该和其引发的成本比较衡量，管理者提供的所有预算提案中都应该有一个成本收益分析。

8. 预算程序的最终目标应该是为每一个责任中心负责人提供一个定期评估和检查他们的活动和待完成任务的机会。如果活动不再符合要求，那么就应该终止。检查和业绩分析应该是预算程序中一个完整的组成部分，通过高层管理者的努力，它还应该减少预算被视作一成不变的定律所潜在的风险，这样就会再次确保一切都按计划进行，即便是管理者有意放弃有利可图的机会。

9. 应该修改企业会计系统，提供与当前成本更相关的信息来帮助管理者衡量增加值，而不仅仅是与以前年度成本相比较。

研发：艰难的评估

在估算研发开支时经常会遇到“我们是专家”现象。在这种情况下，由于不明确的投入产出关系，例如资源配置与其结果的联系，导致很难制定目标和有依据的投资决策。研发成本很难在年度基础上被控制，导致公司只能使用传统的报告方法，例如通过项目成本和/或后续实际成本与预算成本比较，详细列明当前的成本预测来监控研发进度。很多人承认很难衡量研发部门提供的服务数量和质量，也许是因为这样的一个部门为公司中的其他部门所提供服务的成本很难在产品的最终销售价格中清晰地体现出来。

一些对研发成本的不可控性持严厉批评态度的专家补充称，不管中央研究实验室多么有创新性，如果企业其他部门无法在市场中有效地利用其成果，那么它对利润也不会产生什么贡献。

变化的市场环境对研发的影响

企业发现如果研发成果仅仅是对过去产品的改进，那么研发只有很少的贡献。更短的生命周期、激烈的竞争和技术迅猛的发展结合起来，重新定位了研发的角色。研发的职能是要与公司目标更密切联系的基础上，比竞争者更快地在市场中提供一连串更加尖端的产品和服务。

确保这一目标的实现就意味着高层管理者需要系统地评估所有的研发项目，观察它们是否聚焦于组织的战略重点并与之相协调。如果不这样做，就会增加管理者无法把握市场需求的风险，结果导致很多高深的研究超出高层管理者的理解能力和控制能力，也不会获得商业性的应用。这可以解释为什么对于很多成功的企业，最终损害它们的，是它们把很多资金和研发努力都投入到提高和优化当前产品上，而不是新产品。

除此之外，在以研发为基础的企业中，越来越多的机构股东并不总是要求详尽地披露，尽管他们抱怨在现有的会计惯例下很少披露研发支出。缺少这种信息会妨碍管理者从长远角度审视公司的愿景。

研发支出的价值：改进控制的手段

1. 成本应该被视作对未来的投资，这在很多生产生命周期短的产品的企业是很正常的事情。成本和收入应该在产品的生命周期内被评估，否则会出现令人误解的收益率数字。

2. 成本应该区分为现有产品和新产品两类：

- 持续的研发——重点在需要改进和修改（例如要符合欧盟标准）的产品上，同时确保成本能够追溯到获益于研发支持服务的特定产品和使用的材料上。
- 特定的研发——重点在新的行动方案和项目上，成本可以在产品和项目间进行分配，并且贯穿于它们有效的生命周期内。这个组合由于其主观性的特性，需要建立一个随着项目的进展持续不断监控的系统。很难对新的行动方案进行评估，尽管对新的方案进行评估和监控会分散企业投资，但是这样表面上的低效率会使拒绝一个好主意或者接受一个不明确的主意的概率降低。

3. 研发的职责应该分散于不同业务单元或者部门的负责人。通过这种“瘦身”方式的研发活动可以使发明创造适合特定消费群体的需求，研发项目更加受市场的驱动，而不是由一个脱离实际的指挥者来启动。瑞士一个主要的食品跨国公司在每个战略业务单元（SBU）设置一个研发联络员，负责与实验室进行双向交流，这些实验室被建议把战略业务单元当做客户看待。

4. 研发人员应该为全球公司战略的发展和演进做出贡献，特别是在识别市场的未来需求方面。这就要求他们将公司目标和产品/市场战略与研发部门的领导共享，同时鼓励他们提出意见和批评。这种方法内在的需求包括：

- 通过对研发人员培育一种更强烈的商业意识来改变研发部门的思维模式。
- 建立一个由不同职能部门的人员组成的新产品团队，确保能与那些提出独特创意的人和那些把产品带入市场的人进行接触。
- 鼓励对未来市场也就是未来可能发生的事情进行战略性的理解，以便预测在技术和市场上可能的转变。

5. 员工，特别是新进员工，应该在研发部门和其他组织职能部门之间轮换岗位。必须鼓励研究者拓展他们职能之外的兴趣，在产品管理团队里同其他领域的管理者一起工作。

6. 应该鼓励研发部门同外部专家一同竞争企业的研发合同。瑞士一个主要的药品集团更进了一步，它把研发工作分成 8 个相互竞争的利润中心，通过这种方法加快新药品的开发。单个的业务单元不得不为来自内部的资金而竞争，最终还要争夺来自外部的资源，它们还必须为技术使用等服务而向中央总部支付报酬。

7. 研发中心应该建立一个明确的意识，哪些能力需要在内部保持，哪些能力最好从外部获得。

日本经验

日本的企业习惯于依赖较高的研发投入来建立有竞争力的优势，通过开发创新产品来驱动企业的发展，但是很多企业开始回顾它们的发展进程，得出的结论是：国际和国内市场越来越难吸收新产品，因为产品生命周期太短，产品范围太广泛。于是就产生了一个建立在以下战略基础上的更聚焦的方法：

- 减少产品范围以简化生产流程和降低开发成本。一家领先的日本汽车制造商更进了一步，它减少了可供选择的型号数量，例如在三年内减少了35%的方向盘类型的数量。当一家日本食品集团发现其 40%的产品仅贡献了 10%的利润时，令人吃惊地减少了 5 000 个产品种类的一半。
- 延长产品的生命周期，这样可以降低研发成本和推出新品牌时高昂的营销成本。

- 在已经饱和的市场里，停止浪费对现有型号进行细小升级的开发支出。
- 减缓发布微小改进的型号的频率，这样可以巩固已开发的产品，将更多的精力放在新开发项目的选择上。欧洲的食品跨国企业发现与推销现有产品相比，开发新产品需要很大的开支，并且很快就会被竞争对手追上，于是成功地借鉴了这个方法。
- 将对研发的控制由独立的机构（利润中心）转移到有更加广泛市场调研渠道的营销部门，它更加贴近市场。很明显，将市场调研与研发联系起来需要对市场调研的作用和如何让它发挥作用进行重新的评估。

使用预算控制成本

实施预算来控制成本，虽然这在总体上给人留下严格管理的印象，但是能够使管理者停下来思考其业务单元的本质，进而有助于他们不情愿地仔细审视所做工作的价值。在分析所产生的成本后，还有哪个细分市场、分销渠道和产品组合等是真正盈利的？哪个流程和活动会增加价值？又有哪些业务应该外包？能够对业务部门进行区别管理，从而使它们以一种更加及时、规范的方式和更低的成本来响应市场吗？在预算流程中，很少关注以上这些问题，只是检查成本而不是价值。思考一下到底为什么某些业务或者任务完成了，可以获得一些感兴趣的结果。

预算过程中对过去错位的推崇

组织中长期供职的责任中心管理者一直以来十分推崇历史经验，与此相关的，在正式预算程序中会遇到一个问题，即高层管理者对于这种推崇的态度。他们通常这样主张："我们一贯地使预算处于控制范围内，多年以来资金都被用于该项活动，因此为了完成工作资金是必需的。"他们关注的是在下一个预算期间将要获得的增量大小。由于没有时间去质疑他们的主张，所以他们的期望变得可以被接受。其中一个例子就是营销预算。目前的趋势是在去年支出的基础上，增加一个通胀的增量和预期市场份额增加所带来的增量。将营销支出与竞争对手相比较是另一种选择。营销负责人可能认为，应该让他们的预算按照其部门销售额的一定比例来计算。当然，这样忽略了外部因素在一年之中可能越来越频繁地改变：竞争者营销策略、经济环境、媒体成本和营销材料的质量都在改变。

另外，很多公司不难将支出与特定的活动，例如研发、员工工资或者相关成本相联系，而并没有质疑过活动本身的价值。对于大型企业的服务部门来说，情况尤为如此。很多情况下，从事采购、IT 和公司法律服务的经理期望建立一个能够及时提供广泛多样服务的职能帝国，而高层管理者在满足他们的期望时感觉到很困难。在预算时应该解决的关键问题是这样的服务很少需要接受市场的检验，如果试图服务组织内所有的部门，则目标就会变得多而分散，这一定会导致高成本。

面对时间压力、随意和不适当的预算评价机制和间接费用的急剧增长，企业已经转向其他经过验证的资源配置方法。这些方法通过找出那些容易被认为是理所当然的预算项目来提供一个有趣的角度，其中一个方法就是零基预算。

零基预算

零基预算（zero-based budgeting，ZBB）有两个前提。首先，尝试着放弃过去，包括授权的活动、预算分配及预期增长。责任中心应该证明从基层到高层的年度预算分配是合理的。不考虑建立在过去的基础上，重点应该是强调未来目标。其次，由于很多企业不难将工资、话费和复印机维修等成本与特定的活动相关联，所以对活动本身不存在原则性的质疑。零基预算引出这样的问题："我们在最开始就需要这个活动或者服务吗?"

尽管零基预算在很多公司实施的结果比较混乱，但是在处理这些缺陷方面有一个很强大的优势：它经常地审视那些直接涉及的活动和优先项目。涉及的成本可以以结构化的形式进行评估，按照重要性和对资源需要的紧迫性进行排列。

用一些逻辑性的综合步骤来描述零基预算。

步骤1：识别合适的"决策单元"

通俗地讲，这一步骤就是识别那些已经存在于预算中并且以短期评价为中心的分散的活动、部门或者项目类别。现行的预算框架应该采用这一步骤。如果组织是项目型或者矩阵型结构，那么项目就会成为决策单元；如果是传统的部门化结构，那么将对单独的部门进行评价。

一些组织在选定的项目或者新活动中应用零基预算流程，而有些组织选择可以服务组织中所有部门的横向职能，例如人力资源、采购和维修。另一种方法是将零基预算应用在分配给组织大部分或者整个部门的大型公共产品开支，例如供应和维修、IT使用或者其他的服务。这样每一次提供相同服务的部门都会"深受其害"的印象就会被有效地消除。普遍认为每个服务职能应该至少每隔五年使用零基预算方法检查一次。

步骤 2：评估“决策包”

这一步以“决策包”的形式来严格地分析和描述决策单元。“决策包”代表了零基预算系统的核心特征，其目标是将高层管理者的注意力集中在特定的活动及其后续价值上。“决策包”包含了六个基本的深度关联的问题：

1. 活动或者服务的目标是什么？

2. 如何运行，涉及多少人，按通常的标准会获得来自组织其他部门的什么投入和支持？

3. 如何去衡量业绩，是保持在预算范围内、减少客户抱怨、销售增长、更迅速的售后服务、更少的产品赔偿责任，还是其他的标准？当前方法的优势和劣势是什么？

4. 如果不执行这个活动会产生什么后果？

5. 可以设想有哪些可用来替换的行动方针或者运行模式？

6. 相对于分配的成本，实际的收益或者增加的价值是多少？

通过“决策包”进行排序，管理者根据明确的成本和可衡量的收益，对当前活动编制一个详尽的优先次序表。在这个阶段，可以设置一个“决策包”被批准的分界点，在该点成本等于可获得的财务资源。通过以下方法可以指导高层管理者追求更好的成本管理：

- 改造内部服务，避免由于在起初没有从长期角度考虑而导致服务提供的减少。
- 避免由于要继续实施行将结束的或者不太重要的活动而牺牲在战略上更加重要的活动的风险。
- 为所有项目及其所涉及的正在进行中的活动制定清晰的优先次序并定期检查。这样管理者可以识别出哪些领域的活动可以推延、取消或者安全地减少。

利用零基预算取得成功

要想成功地实施零基预算，高层管理者要将变革的控制权转移到第一线各个层级的责任中心管理者。让人们重新思考他们所从事的活动，必要时修正或者停止活动，才是真正的挑战。

实践中，大型的组织有很多要确认的活动和更多的可供选择的“决策包”，因而上述方法实施起来很困难。一个解决方法是责任中心负责人把受他们控制的管理者的“决策包”置于优先地位，等一系列的优先选项集合起来后再建立从上到下的等级次序。

特别是领导成本中心的管理者，现在必须更好地分析他们的情况。例如，他们不得不对指挥同样的活动以不同方法和角度来思考，那么预算、计划和决策制定之间的联系就变得明朗了。

零基预算不一定要过度地关注从较大的职能部门获取更多价值。那些能够影响整个公司，但是由于其零散的特性而不易被评估的活动，可以通过零基预算有效地检验。很多公司开始转向零基预算，以保证废除或者简化那些遍布在组织之中混乱的和不需要的规则和规定。由于责任中心负责人不考虑关联成本而一味地追求最高的标准，很容易导致内部管理程序和规则增多。这些繁复的程序应该接受严格的检验，计算它们作为一个整体对于经营以及为消费者或者员工带来的潜在收益的影响。

在这个过程中，责任中心的员工扮演着核心的角色。降低内部系统的复杂性意味着在评估阶段要包含更广范围的员工。那些最清楚如何简化程序和信息流的人往往就是从事该项工作的人。

零基预算成功背后必需的特征是核心管理层鼓励各级责任中心管理者询问员工从事什么工作、为什么从事以及如何工作时所推行的一种文化方法。需要询问的基本问题是：

- 是否应该执行这项职能？
- 能够增加多少价值？
- 质量标准应该是怎样的，其他服务部门或者客户期望的质量标准是怎样的？
- 我们已经做了很多吗？
- 是否应该这样去执行？
- 这对人员编制意味着什么？
- 应该花费多少成本？

零基预算的优点

由于计划的结果和资源配置相关，更高质量的目标设置发生在制定预算和衡量活动绩效中。管理者可以通过以下方法改善他们的焦点问题和项目计划能力：

- 挑战公认的办公室惯例，坚持各个业务单元要彻底地证实它们存在的合理性，定义它们的角色和估计它们创造的价值；

- 建立应急计划以防出现差错；
- 资源水平与目标相一致；
- 将资源从低附加值活动转移到核心活动领域；
- 让员工更好地理解计划和明确地表达出要挑战的目标。

由于活动是从开始就被评价，零基预算解决了预算的疏忽大意，即假设可以在当前或者递增的水平上持续获得资源。随着过去的影响在减少，管理者应该急切希望关注创造性的目标设置而不是仅修补过去的产品、系统和结构。应该坦诚地就过去从未提出的关键问题进行沟通，这样也会促使人们彻底地思考而不是渐进式地思考。

由于部门经理被要求以新的视角来探查运营情况，他们更加投入于解决预算问题和安排优先次序，他们很少有兴趣去从事那些对组织目标没有太大贡献的项目或者活动，同时，他们也有机会来提出资金配置和运营改进的建议。

事实上，在这个过程中成本收益分析已经成为管理者决策制定工具箱中的一个不可或缺的部分，可以提升项目管理的技能。

零基预算的缺点

在采用零基预算方法之前应该考虑以下几点。

- 这种方法可以持续下去吗？

  和其他新事物一样，最初的结果必然引人注目但是也很短暂：如果不持续下去，那么具有崭新理念的评估、部门之间障碍的废除和避免不必要的成本都失去了意义。当组织其他部门，特别是核心服务的使用部门，质疑这样的活动对于服务是否真的带来价值时，应该鼓励这样的质疑，这样的质疑可以使我们不断追求服务外包的热情更加合理。一个英国的银行集团，由于用户无法清晰地表述其要求，导致其对用户提供的 IT 服务质量一直不稳定，IT 专家也感到十分沮丧，这样的情况持续数年后他们采用了一种新的方法：一些计算机功能被转移到核心商务领域，并将竞争引入到其他 IT 服务中。

- 当前的预算程序很差吗？

  在批评责任中心管理者没有为他们的服务项目设计出最佳的成本收益关系之前，应该进一步了解在制定预算和业绩评价时的非正式惯例，他们是否以一个不是很结构化的方式从事工作，但是达到了同样的效果。

- 这样可能是消耗时间的。

  所需时间和人工的数量可能由于涉及问题的广度和深度而变得非常巨大。零基预算会提供一个复杂的项目驱动型方法，这个方法无法发展成一个标准的预算做法。这样会使零基预算不适合按年度实施，因为它会在预算过程中分散对于关键问题的关注度。应该考虑定期地安排零基预算检视程序，而不是按年度，这样至少每隔四年或者五年就将所有的责任中心检视一遍。如果不这样做，特定的投入预算例如IT、设备替换、旅行、文档复制或者房屋维护会作为综合支出活动逐年检查，即便它们是在多个责任中心之间进行分配。

- 零基预算会使管理者在创新和变更活动时的灵活性降低吗?

  随着时间的流逝，管理者可能会担忧预算只有最低限度的增长，这就暗示着会破坏他们部门的增长。鼓励管理者顺着检验新备选方案的思路思考，会产生相同的效果："难道我之前不应该想到这个吗?"暴露项目中的缺陷，甚至质疑深层次的逻辑会有损管理者的信誉，并将其完全置于零基预算程序的对立面。需要关心的是确保零基预算不要变成只为"取悦老板"的数字活动。更确切地说，它应该成为更加基础性的分析，其宗旨应该是加强例行任务的合理运行等。

- 我们是否有评价和排列那些"决策包"的专业能力?

  在很多国家，培训结构中的焦点比较传统而且有些狭窄，但这也会培养出很多单学科的管理者，他们会成为很好的工程师、律师或研究人员，只是缺少对其他责任中心如何运营的了解和关注。在这种情况下，很难去期望诸如销售部门的经理会去深入地分析那些影响其活动并最终影响成本的其他职能。

- 执行这样操作的成本如何?

  对于零基预算最多的抱怨是对引入这一概念并付诸实践的成本。组织最大的成本是花费在建立该系统的初始时期和员工的努力上。系统本身的设计和电子系统手册的编写都很费时间，在每个责任中心内部对高级员工进行零基预算方法的培训也会产生成本。可是，美国公司在应用零基预算方面积累的经验表明，陡峭的学习曲线从第二年起就会变得平缓。

多职能团队方法

解决这些弊端的一个方法是通过支持少数的跨职能经理均匀地分配时间和责任，重新审视企业的核心业务。应该鼓励他们深入企业去审查和评估单个办公室、商店、仓库和工厂的服务，而不是作为一个智库在各自的部门内孤立地工作。应该授权他们不仅要调查每项工作、任务和业务能否更好地完成，还要调查它们是否需要去完成。

用这种方法，欧洲一家领先的零售集团的内部跨职能团队发现，很多不必要的报告系统导致组织内产生了一系列的高成本活动。他们仅仅提出一个问题："真的需要这个吗?"

经营的其他方法：关键问题

当前企业在实施零基预算时提出的一个关键问题一定是："有其他可替换的更加节省成本的方法来从事同样的工作吗?"零基预算团队可以考虑的可能选项包括：

- 集中职能——该选项很适合对诸如旅行和接待等固定成本的控制。在欧盟区域里有多个生产地点或者售后服务部门的企业可能会选择这个选项。
- 分散职能——这个选项特别适合当企业从中央处理器向个人计算机本地网络转换时管理信息系统的运行。一些银行集团抱怨集中的管理信息系统并不总是敏感和灵活的且成本较高，随后它们开发了一个功能，使专业的 IT 员工和该集团主要业务部门相关联的独立的管理信息系统单元。
- 消除职能——当某项职能在新结构里不再有作用或者不再需要时可以采用这个选择。通常服务和任务是在不同的环境下创造出来的，或者是为了响应特定情况而设置的，仅仅是孤立地存在。
- 联合其他职能——该选项涉及所有相关职能的合并，便于扩大规模以获得更高的效率。
- 外包职能——垂直分解的一种形式。很多必需但是不重要的日常任务可以不看做核心业务活动，进而把它们外包出去。

要点

- 使用年度预算结构没有意识到企业的寿命并非是在每年 12 月 31 日午夜结束的，很多活动要持续数年。
- 预算程序的焦点应该是组织的目标和实现它们的方法。应该按照优先次序将资源分配给整个组织。
- 应该鼓励管理者在安排支出次序时反映组织的长期目标。预算程序应该授权管理者基于长期愿景和预算的含义，从战略角度思考他们的活动，而不是走一步算一步。
- 应该提倡有效率的研发，将努力方向与市场需求相联系；仅仅改进过去的产品只能对收益流产生很小的贡献。

- 支持管理者通过以下方法检查他们的活动：

  —调查可替换的行动方针；

  —评价工作的收益和成本；

  —探究不执行这项活动的结果。

- 在预算中引入不切实际的长远目标会适得其反，这样会诱使责任中心管理者去估计不存在的需求，导致存货积压甚至造假账行为。
- 固定资本成本和IT成本日益成为整个产品成本结构里重要的组成部分。
- 应该减少复杂性和鼓励持续改进，并推动其成为预算程序的永久组成部分。

✔ 检查表

预算中应该包括学习曲线（指学习使用新系统所需的时间以及经验更丰富的员工指导他人和修正错误所需的时间）的影响吗？ □

在购入新设备时，预算程序是否考虑到维修提案内在的隐性成本，例如多重的维修合同、停工期、延迟和可能错过销售机会等？ □

是否所有关键的政策修改建议都要有一个详细描述成本影响的“影响分析”（额外的人工、设备、更大的房屋和培训等）？它又是如何影响该部门和其他部门的工作流程的？ □

预算系统是否下放足够的权力给责任中心管理者，使他们能专注于所支配资源的高效使用？ □

预算系统是否提供机会去询问责任中心管理者，什么是超越纯粹的成本控制到更加严格的成本削减所遵循的基本原则？ □

业务经理和职能经理是否有机会突破年度预算周期来思考他们的活动，并考虑他们的决策所产生的长期影响？ □

如何重建预算程序使其成为管理者的一个得力工具，指导管理者评估活动和机遇是增加价值而不是增加不对称的成本？ □

能否把预算程序作为一个使责任中心管理者评估当前公司战略价值的机制？ □

在确定并支付了所耗成本后，哪个细分市场、分销渠道和产品组合是真正盈利的？ □

研发职能是否适合于利润中心架构（在这种架构下它争取的资金不仅来自内部，还可能来自外部）？ □

研发预算文化是否支持研发人员停止将开发支出浪费在对激烈竞争的市场中已经存在的产品进行细小的改进升级？ □

第3章

外包非核心业务

关于外包的争论

第 2 章讲述的零基预算有一个更有意义的应用，就是定期和及时地对组织内部的许多必不可少却是非核心的业务进行评价。为了确定它们在提供价值方面对于公司的持续功效，这是必要的。在过去，每一个为公司效力的人，上到总裁下到维修工，都是一名雇员。时代不同了。伴随着股东要求削减成本的不可抗拒的压力，以及对灵活性的更大需求，以应对不断变化的市场趋势，公司也愈发仔细地审视内部管理、维护和支持活动的生产率。

特别是管理层自己也在质疑，有些活动并没有直接增加部门业务的价值，为什么还要花费如此多的时间和人力，而且这些活动对于增加销售、减少过剩的资本、增加收入或者提高投资报酬率都没有直接的帮助。有些人也许甚至会问那些每天花费在一系列行政管理上的时间对于增加市场份额是否有效。一个国际石油巨头公司声称，如果不外包它的 IT 职能，就会有失去聚焦核心竞争力的危险。于是公司就会要求外部承包商去负责它的高层次的专业职能，特别是总部的职能，例如会计、公司信息系统、审计、设计以及项目管理。现在很多业务，例如工资支付、批量邮件以及人力资源管理也都被外包了。这些被外包的业务组成了一份很长的非核心业务的名单，例如办公室清洁、餐饮、安保、设备租赁、维修、运输、技能培训以及电信系统。

并不是只有制造业面临内部解决还是外部提供的选择困境，许多服务领域的公司，特别是银行，正在面临决定哪些业务是提供核心竞争力的业务，以便不惜一切代价去保护这些业务，哪些业务由外部提供者来承包更为合适。

尽管对于是否应该外包存在很大争论，但有一点对业务外包提供了强有力的支持：公司从管理业务中解放出来去集中于核心业务，可以通过更好的信息分析和决策制定来增加公司价值。典型的管理者每天会花费三个小时去处理公司非主要业务中出现的问题，这种时间的耗费越来越被认为是浪费。度量这种释放能力并确保管理者重新将时间用在能够增加价值的业务上，对于高层管理者来说，依然是一个关键性的挑战。

在员工管理的灵活性上也存在问题。对于满足不断变化的职位需求需要进行评估，甚至诉诸合同，让高层管理者放弃自己在对高级专业人员的招聘、培训和部署方面所产生的行政影响，这样似乎管理者会更好地专注于其核心竞争力，而将上述的任务留给专业的外部承包商。

内部服务：高成本的转变?

内部职能和支持服务在30年前只占总成本的10%，高层管理者很少思考这些业务的细节问题。对于这些业务的成本，有些公司已经占据了近30%。部分的原因在于内部服务与外界真实情况相隔绝，而且管理者通常无视提供内部服务的真实成本。对于这种现象，彼得·德鲁克曾经评论道：

> “内部服务是一种不能提高企业生产力的垄断业务——因为这里没有竞争。”

在大型企业中，当职能部门开始作为垄断部门来运行，它们不仅仅支配着自己领域的专业技术，同时控制着有关其服务工作的详细财务信息，这就使得服务的高层管理者、潜在提供者和内部的使用者处于一种特权地位。很多的企业领导在询问有关这些部门的运营状况时，就会受限于技术性的解释和大量的无关数据。

内部服务：保持最好

越来越多的专业化服务采用内部提供的形式，例如国库券和养老金业务，这些业务依然面临着以下一系列的问题：

- 达到对风险和价值评估的较高理解水平；
- 找到合适的系统和专家，可以应付这些业务在提供和控制方面的复杂性。

新出台的国际会计准则要求对金融工具进行持续的市场估值，这就造成了一些问题。很多财务经理正在考虑将这些业务外包出去以减少风险、节约成本以及从外部专家获得更多的信息。

私人银行部门提供了一些关于选择性外包的有趣例子，这些例子告诉我们，外包不仅仅是考虑到内部提供的成本因素，而且还提供高度专业化的投资服务来吸引高端客户。在第一个例子中，一些面临日益复杂的账户管理、托管、交易过程以及后台系统成本的银行，正在将这些业务委托给外部承包商。这证明了对于热衷于提供混合产品以及后台服务类似于大型银行的小型私人银行，外包业务更加具有吸引力，能够使其不必投资大量的资本来建立和监管内部能力。由此，规模不再是一种竞争优势。

小型银行的竞争优势在于能否提供高度专业化的投资管理服务，外包业务可以帮助银行获得这种竞争优势。也就是说，银行现在意识到它们不能仅仅依靠自己的内部服务在所有领域提供足够的服务来满足“新财富一代”日益增长的需求。通过雇用一系列的外部专家来管理自己的资金，小型银行可以为客户提供从基本的投资组合到税务咨询等范围更为综合的财富管理服务。

表 3—1 总结了外包的优缺点，并且进行了详细的解释。表 3—2 列举了一些可以考虑进行外包的公司业务。

表 3—1　外包的优缺点

优点	简化业务流程
	将固定成本转化为变动成本
	只有必要时才使用服务
	克服人员编制问题
	改善公司形象
	减少研发成本
	减少数据存储成本
	提高内部服务的功能
	改善质量控制
	改进现金流状况
	增强成本意识
	减少关键职能多样化处理的负担
	关注核心业务
	解决 IT 困境
缺点	固定资源利用率不足
	对服务不满意的风险
	外包战略性服务的风险
	由短期考虑引发的外包决策
	忽视潜在的间接费用负担
	落后的内部成本核算系统
	成本差异的变化
	转变过程中的管理不善
	分包商的混乱管理

表 3—2 可进行外包的业务

营销方面	市场调研
	账户集合（account collection）
	分销：仓库保管；交货
	平面设计/包装
财务方面	数据录入
	审计
	工资支付
	开发票
	索赔处理
	纳税申报：筹备；上缴
一般服务	邮件收发
	办公室清洁
	建筑维修
	提供餐饮服务
	能源管理：供暖；通风
	电信
	安保
	资料存储
	印刷/复印
	应用软件开发
	系统整合
	快递服务

外包的优势

简化业务流程

外包的主要优势在于将办公室和车间的业务流程简化。在经历连续多年的巨大损失后，一家领先的欧洲服装和本土家具集团得出的结论是：进入制造业前沿的财务实力与分销技术、市场和信息系统不可能一下子全部拥有。结果就是通过向外部专家分包这些功能来实现简化业务流程的计划出炉。这个集团通过谈判，与一家美国物流公司达成了一项 10 年 1.5 亿英镑的创新交易，这家公司能够有效地交出其分销安排。这使得行政管理人员的注意力转向重新定位集团形象这一核心问题上来。

也有一些传闻证据表明：太多公司继续过度投资于专利创造和简单生产、商品或者标准产品或服务上。高级管理人员应该为每一条生产线考虑一个以利益为中心的方法，从而允许责任经理在外部供应商的价格更加低廉的情况下，外包产品的部分或者全部。这样将会授权经理去质疑为什么外部供应商的价格更为便宜，并判断其责任中心要多久才能在成本方面赶上最佳供应商。

将固定成本转化为变动成本

外包能够帮助公司将固定成本转变为长期内的变动成本。对于IT设备尤其如此，因为和办公家具相比，这些设备过时的比率更高，例如，经理们向外部供应商交出他们的IT设施和维护，包括软件和硬件。公司不再参与技术竞争，而是让外部承包商为公司承担技术革命所花费的昂贵代价。此外，外部公司在处理一些问题时处于更有利的位置，比如外来系统的不兼容性和工作能力的匹配。这种方法在美国称为"设施管理"（facilities management，FM），一些批评者认为，还没有证据表明设施管理可以节省资金。将IT设备外包不断增长的比例表明，这种外包的使用者实在是太多了，还在继续增长，并且在任何情况下，他们都不是专家。这并不奇怪，财务负责人善于采用这句古老的谚语："如果你不明白，就不要去做。"

不可避免的是，公司内部数据处理功能将作为一个显而易见的目标，因为它本身就能成为一个强大的功能单元。在这个领域中，随着每年10%的预算增长，高级管理人员自然要关注，一个古老的企业功能单元何时转变为了一个不可控的成本中心。对许多公司而言，设施管理成了将固定成本转变为变动成本的一种合乎逻辑的方式。类似的结论是由一家英国服装和家居用品零售集团得出的，该集团声称，它已经将其数据处理操作系统移交至一家美国计算机服务公司。这一合同超过10年，价值1 000万英镑/年。其目的不单单在于节省资金，还在于与这家计算机集团结盟，该集团能处理计算机操作系统的每一个方面，包括收银、针对供应商的电子信息传输、管理和账户系统、个人计算机以及数据传输网络。在某些情况下，例如在收购时，外部供应商将现有系统转移至已经在运转的计算机上，以便客户能够处理自己的设备，并产生额外的销售收入。

只有必要时才使用服务

外包使公司使用服务时按项目收费：它们呼吁服务应在必要时才使用。这意味着经理既不需要为服务使用的低点和高峰担忧，也无须担心为满足不断变化的情况而来的工作人员和物资调配要求。这不仅适用于通常的季节性业务公司，而且适用于那些需要在短期内增派人手以应对突发状况的公司。

"当你想要的时候，你得到的是你所支付的"，在这一前提下，伦敦一家领先的商业银行将其信用卡处理操作系统外包出去。许多公司已经检查了一整套电子办公组件，比如复印机、暖气、通风和采光系统、电话网络以及电脑安装设备，它们也已得出结论，那就是与这种复杂而且昂贵的设备相关的设置维护工作并不真的和它们的主要业务有关。实际上，对于它们来说这类支持活动完全是不同的业务。经理发现运行内部服务产生了大约一半的公司问题，比如经常出现的过度使用现象，由于缺乏根据使用情况而调整的内部费用系统，这一现象变得更加严重。

克服人员编制问题

由于缺乏有吸引力的职业结构，一些公司在雇用和保留专业技术人员从事类似企业法律事务的支持性服务时遇到了困难。在任何情况下，这些公司没有能力承担招募所需具有专门知识的工作人员所花费的成本，也不可能在市场竞争的条件下不断更新专业知识和技能。许多欧洲国家的公司已经开始面临由人口结构的转变（例如 18～24 岁的人口减少）所造成的员工短缺问题。

一些想要进入新的市场领域的公司有时会发现，它们的进入受到了一定的阻碍，在获得高素质的专业人员方面遇到了困难。耗时的任务是昂贵的，比如完成一项结构良好的劳动密集型业务。合同需要谈判，一次谈判只能促成一项合同，这需要高超的技巧和对细节的关注才能实现。

对此类工作人员而言，设施管理公司往往能提供更具有吸引力的项目和更大的发展空间。一些公司在进入外国市场的过程中，需要在当地寻找足够的劳动力、设备以及专业人员。当它们在语言技能方面遇到困难时，就会发现设施管理的益处。在使用者看来，外包减少了员工数量和与之相关的成本。

改善公司形象

一些公司发现，对于提高市场中的企业形象来说，异地生产或者购买更多来自异地的组件是有益的尝试。对那些公司来说，产品组件的制造被认为是非关键性的，通过外包可以投入更少的时间来满足客户需求。

减少研发成本

公司可以考虑与一些关键供应商建立较长期的伙伴关系，这样能够大幅度减少与劳动密集型工业相关的研发成本，特别是欧洲汽车制造商已经与外部供应商达成的交易，据此，在换取长期供应合同的同时，外部供应商需要承担研发所需的大量成本。

减少数据存储成本

随着公司数据库业务的飞速发展，存储、保护和提取数据的成本就成为整个 IT 行业预算中巨大的一项。一些分析人士认为，数据存储支出达到了 IT 业预算平均值的 60%，而数据库应用在整个 IT 业成本中所占比例高达 90%。据专家调查，面向专业存储服务供应商的数据存储外包业务能节省 20%～30%的开支，这主要归功于员工成本的减少。

提高内部服务的功能

由于外包这一举措的开展，公司的人力资源功能已经经历了一次转变。人力资源功能的特征由一种商品式的供应显现出来，比如培训、薪酬、招聘和公车提供业务已经成为一种外包文化。有争议的是，一家国际石油集团进一步将其几乎全部的人力资源功能外包给一家外部的专业服务供应商。交易的重点不仅仅在于减少成本本身，还在于实现人力资源管理水平的提高。将人力资源与 IT 完全连接起来，所有与人力资源相关的信息、建议和标准政策都可以经由电脑访问，这意味着工作人员可以访问公司内网，从而获得公司政策、效益、就业条件等详细信息——所有信息都由外部公司管理。一个数据库能存储全世界80 000名员工的详细职业信息，因此，责任经理可以通过数据库找到具有专业技术的潜在候选人来迅速构建项目团队。这项举措不仅能提供潜在候选人，以便减少内部的行政主管对人力资源功能的干预（除了极少数的人力资源专家对政策制定的处理），而且 IT 业务能更有效地管理那些全球范围内掌握熟练技能的高薪员工，从而能够使人力资源功能不断得到改进。

改善质量控制

小公司将生产产品的部分责任移交给大公司而获利，这些大公司是更老练的转包商。如果大型合作伙伴有能力承担产品缺陷，质量控制系统就得到了改善。

改善现金流量状况

依靠外包公司运作部分业务，公司能够改善其现金流量。按月支付员工工资的一家公司向外包商支付的薪资应以 60～120 天为基础标准。在会计看来，外包商的薪资能冲减利润，而在新机器上的资本性投资通常会持续多年。

增强成本意识

美国公司的经验表明，通过增强员工的成本意识，公司可在自身与外包公司的对比过程中提高效用。即使服务最终还保留在内部，20%～30%的成本节省是可以出现的。

减轻关键职能多样化处理的负担

许多跨国公司将大型广告活动交给不同的广告代理商，以覆盖像欧洲这样的大经济地区。一个独立的代理商通常被单独任命，目的是服务本地市场。这种方法在 20 世纪 70 年代和 80 年代很普遍，创造了一个共同的泛欧洲品牌形象。然而，这一方法却会迅速导致一种四分五裂的营销方式的出现。例如，一个品牌以一种标准化的信息发起一场营销活动，尽管使用不同的语言，这场覆盖所有欧洲国家的营销活动却由具有不同目标的代理商实施，造成了巨大的浪费，它也将花费大量的统筹和控制的管理时间。

一家主要的欧洲汽车制造商将外包的最佳功能和内部的专业知识结合起来，实现了其营销和广告功能的重组。它向一个先前的高级雇员外包了自己的职能，这个雇员为振兴这家汽车公司，建立了一家专门的代理机构。约30家不同的营销和广告代理商被一家取代，因为它们所提供的服务都是从电视广告到销售手册。这种替代的优势很快显现出来：这是一种更加整合地运行整个欧洲营销的方法，该方法由一些不太具有国际性的代理商就能独立完成，还能够节省费用，因为只与一家代理商相关，而不是30家。

关注核心业务

考虑外包非核心业务的关键原因在于：公司可以将注意力转移到其核心业务上，并做自己最了解的业务。一家领先的荷兰航空公司决定不再继续经营特定的内部服务项目，以便纯粹关注载客问题。它现在已经不再经营自己的员工餐厅、基本培训项目、消防和数据录入业务了。

对于要制造构成最终产品的多个零部件的公司来说，这种关注是一种复杂的操作。一家先进的欧洲汽车制造商在回顾其外包安排后宣布，未来该公司将关注自身的核心竞争力，包括发动机缸体、变速器、车身和油漆，其余的一切都交由外部供应商处理，这些供应商必须有能力提供能安装在尽可能多的车型上的标准化模块零部件。

服务提供商认为，如果涉及专家的技术知识，那么公司应该寻求以较低的成本来执行专业化的技能，以使专业化的经济效益得到凸显。规模经济带来了设备和员工成本的不断降低。例如，提供计算机主机服务的供应商能够分割主机功能，使不同的客户使用不同的部分。又如，对少数资本密集型的业务而言，公司可以根据客户需要雇用具有专门知识的员工团队。由于多项公司服务被一家单独的服务供应商处理，可想而知，设施管理公司能兼顾所有的办公室服务并只需开出一张发票。

解决IT困境

一家组织也许会发现自己在使用IT设备时正处于一个十字路口：公司是需要更新自己的现有设备，还是直接交由外部公司来处理这类问题（包括专业化员工的问题）？专业硬件制造商的客户还需要考虑硬件过时的高成本问题。近年来另一种企业时尚是精简IT运营，即用小型计算机网络取代中央主机，这一点能通过外包实现。服务供应商可能会让客户公司的员工继续使用旧系统，并确保所需功能得以运行，而对客户公司的电脑部门则提供新的系统。

研究表明，高级管理人员在面对逐渐增加的一系列 IT 选择时感到困惑，他们困惑的是如何从现有配置转变为类似开放式系统的新科技。科技使系统间的交流不再依靠人员，因此，人们希望开放式系统能促进设施管理的更深入利用，即用更少的战略和更多地外包。对设施管理公司来说，它们正在学习与客户建立一种战略性的伙伴关系，进而提供从 IT 计划到软件维护的一整套服务。IT 专家相信，公司在整合 IT 设备和软件时面临的关键问题是其日益增加的复杂性。

使 IT 外包具有增长潜力的一个关键之处在于：大型公司的网络在不同国家和国际子公司之间的连接。当一家欧洲消费品集团决定建立包括所有子公司在内的泛欧洲数据网络时，它不再考虑什么是其核心业务，转而去思考建立该网络所需面对的复杂环境，即服务如何能够在 12 个国家内迅速而及时地提供。来自这家公司的 IT 全球经理的回答是：生产和营销消费品并非要努力使公司成为一个 IT 专家。这需要将网络的设计和管理运作外包出去。这项决定还受到公司从中央化电脑主机转向地理分散网络及其固有问题的影响。和运行一个传统的主机数据中心相比，管理和运营一个高效的多电脑联合的分散网络无疑具有相当多的困难和更昂贵的成本。

IT——一个谨慎外包的特殊实例

尽管与 IT 外包有关的成本节约具有明显的吸引力，尤其是在支出增加时，但仍有越来越多的研究机构注意到在这一过程中潜在的高风险和内在的隐性成本。例如：

- 如果未能从外包安排中获得足够的业务优势，将会导致实施外包的高成本，以及随之而来的为终止合同所付出的昂贵代价。
- 就拿开票和销售佣金系统来说，外包可能导致公司运作流程的失控和不灵活，最终影响盈利。如果这些因素是这一领域成功运作的关键，那么外包也许会被认为是一种不灵活的资源以及降低服务水平的重要原因。
- 存在于一个独立合同背后的隐性成本可能基于一个长期的协议，这将导致：

—服务供应商将其关键员工转移到合同中利润更高的部分，并重新诠释原来的合同。

—服务供应商有动力在寻求新合同上花费更多时间，而不是在目前的服务上。

—随着时间的流逝，服务供应商变得越来越强大，能对价格和服务的修订发号施令。

- 在与客户公司建立起战略性关系的基础上，长期合同开始实施。在合同期内，随着新一代技术的出现，客户公司往往会发现，自己面临的是一幅动态的IT蓝图，已经大大出乎最初的预料，这可能带来的结果是合同的撕毁和高昂的违约成本。
- 服务供应商如果没有能力更有效地管理分包商，就会导致高额的花费以及潜在的次优工作的出现，而客户公司可能很难去质疑。
- 一旦签订合同，客户公司就无法管理外包服务的质量。在IT项目中，持续的技术革新和市场波动困扰着商业环境，如果不保持灵活性，风险就可能产生。公司内部的新技术要配合外部供应商的管理，这已经超越了单纯的关系的建立。

这些风险中的一部分是IT外包业务固有的，通过下列途径可以减轻：

- 只外包30%的IT功能，从而为内部成本和服务提供保持一定的控制和持久的标准。
- 保留一小队内部的IT专家，这些专家拥有经过证明的完美业绩记录，因而能监控服务供应商并与之一起工作。
- 确保服务供应商的合同能为外部公司带来合理的利润，以便使机会主义的乱收费最小化。
- 鼓励IT工作中的竞争，用短期协议和第三方标准来限制合同。
- 在风险/报酬合同的基础上，考虑与目前的服务供应商合资。

外包的缺陷

固定资源利用率不足

外包的主要缺陷在于：内部固定资源的系统性利用率不足。出于安全原因或战略性重要程度的考虑，这些固定资源可能不适合大规模剥离，有时也和内部专业知识的永久丧失相关。在外包流程中走得太远可能带来一定的风险，关于这一点企业家已给予充分的关注。这些关注围绕着外包产品、技术和流程的优点展开，如果公司认真地维护至关重要的核心竞争力，那么所有这一切原本应该存在于公司内部。

经验表明，上述情况代表了一种真实的现状。一家在英国和法国开展业务的提供休闲产品的集团决定外包其 IT 功能，包括日常的工作和商业系统的远期规划。当日常的工作运转令人满意时，从长期计划的角度看就出现了问题。该集团的子公司不得不购买所需的 IT 功能，并将预算分配到虽然关注不多但必需的商业系统规划上，因此得出的结论是，要么就推迟购买，要么就根本不买。

美国那些大的公用事业公司和银行已规避了这类风险，它们不仅保留了内部的特定服务，而且将这些服务提供给外部客户及其部门。通过这种方式，内部职能部门成为一个设施管理供应商，更重要的是成为一个服从控制、透明度更高的利润中心。

有些公司尝试对组织结构进行创造性的重新设计，以形成利润中心式的结构，但只有一少部分企业取得了成功。实际上，企业很少将员工资源视为一项间接费用，而是将其视为实际的业务，认为它可以变间接费用为利润。在降低间接费用的同时，这些公司谈到了多个有利条件，如：

- 从非核心业务中产生的收入增量；
- 比起总部职能，更广泛的员工服务开发可以自我承担成本；
- 总部员工在提供服务的过程中，形成了更多面向市场的方法；
- 提供新机会，接受工作中的新挑战，从而维持较高的绩效水平。

显然，高级管理人员需要在两种类型的设施管理中作出区分。第一种是把公司的基本职能进行外包，这些职能通常是简单、重复的，并且可以清晰地界定出来。在这种情况下，选择外包商主要考虑的是价格因素。第二种是把成果需要主观评价的职能进行外包，这种外包的收益通常不是有形的，需要双方的持续合作，而这种无形收益（比如专家更有效地提供专业意见），对于增加价值和减少成本有着非常重要的意义。

对服务不满意的风险

如果用户要求的外包服务的水平、质量和时间表没有在合同中明确规定，将很难为低绩效寻求赔偿。尽管一旦决定外包，高级管理人员必须对生产或服务供应可能短时期中断做好计划，但如果公司并未监控与外包商的关系，困难仍然会产生。以一家公司为例，该公司已将与其冰箱产品相关的塑料组件的生产外包出去，公司发现当顾客退货时，它不得不大量替换特定部分。发包方本以为分包商中会有人整体监督项目进程，并能够监督工程质量，但却只能自行承担退货损失。

在外包数据存储功能的实际案例中，如果存储服务提供商不能提供能保证明确的访问次数和信息存储的安全性的服务，那么外包显然不是一种可行的选择。

外包战略性服务的风险

如果高级管理人员将责任中心全权交给外包企业，就会存在一种将公司的关键业务外包出去并失去对该领域完全控制的风险。欲速则不达往往是导致设施管理失败最重要的原因。只有那些战略上最不重要且熟练程度最高的活动才应该考虑进行外包。

此外，人力资源因素也是关键问题。美国一家银行正试图减少由其采购活动带来的高开销，旨在关闭仓库并缩减其采购部门。在外包整个流程之后，他们发现外包商并没有按银行的标准完成任务，然而，银行也无法自行完成这一业务流程，因为已经没有可以依赖的内部专家了。在符合战略性评估结果或经济好转的前提下，公司希望恢复原来的服务或专业团队，但发现更换成本很高，往往超过了裁员产生的短期节约。

高级管理人员需要探讨每一项打算外包的业务的战略意义，这与其每一个主要市场的竞争实力密切相关。在一种制造环境中，高价值的组件或整个产品与机密的设计特点和独特的生产技艺有关，这就需要将特点和技艺保留在内部。通常那些对公司而言独特的业务或者建立在特定技术基础上的业务有利于产生竞争优势，因此应保留在公司内部。

要判断功能是不是战略性的，取决于：

- 在处理公司产品时需要达到的专业设计和制造技术的程度；
- 在外包商中，拥有有限的专业物理设备的必要性；
- 顾客对于产品最重要的属性的看法有多大的影响或价值；
- 生产过程中所涉及的技术转让问题以及实现技术领先的潜在可能性问题；
- 供应商设计的灵活性和适应性问题以及与公司不断发展的需求相关的制造能力问题；
- 公司在成本方面赶上最佳供应商的能力和吸收这些成本的能力。

由短期考虑引发的外包决策

这一决定可导致提供服务的外包服务商处于价格上的优势地位，即最初低于市场价格，一旦成为可依赖的供应商价格立刻戏剧性地提高。这是关于设施管理第二种常见的抱怨。避免这种结果的举措是：

- 从至少五家设施管理公司中寻求一系列报价和详细的建议；
- 持续考虑过渡期可能出现的中断，直到使用者和供应商学会一起工作，并为之做出计划。

忽视潜在的间接费用负担

如果一家公司发现与自制相比外购某个组件更便宜，那么管理者就会想办法实现这项节约，但是收益可能是虚幻的，因为制造费用仍然保持不变，尤其是在没有追踪每件产品时。这种间接费用负担只在少部分产品中出现，却导致其他组件担负额外的成本。

落后的内部成本核算系统

如果外包公司提供的价格要明显低于内部成本，管理人员就应保持警惕，并着手审查自身的成本核算系统。一家法国厨具制造商发现，尽管缺乏证据显示投标人的运作并不高效，但外包供应商提供的价格仍然比内部运行这一项目的各项花费低得多。这项发现导致该公司对追踪到单个产品成本的内部成本核算系统进行审查，最终结果是内部供应事实上更便宜——尽管内部成本核算系统（基于传统的会计核算方法）提供的信息正好相反。

成本差异的变化

这里所说的内部职能单元与外部供应商之间的成本差异未必对外部供应商有利。环境和技术随时在改变，服务方式也会随时改变，成本变量不断改变。在外包公司的服务之前，记录这些关键服务连续多年的运行成本是明智的，利用这些成本数据推算公司如果仍由内部提供服务的当前成本，并与实际的外包成本进行比较。这一持续的分析可以显示盈亏平衡的时间框架，并与绩效标准相联系，可以保证在外包协议的部分条款中，服务标准得到重视。

一项常常被忽略的因素是：繁重的额外成本，比如服务供应商的出差或加班费用，这些在合同中可能并未预见到。

转换过程中的管理不善

许多公司发现，花费大量时间建立的系统并不能充分胜任记录工作。创建并使用该系统的工作人员在如何开展工作方面往往是唯一的信息库，因此也就成为了关键资源。

在脆弱的过渡期，各方的投入尤为关键。外包任务的持续平稳运行将依赖于尽早定义伙伴关系中不同组织发挥的作用，即它们将如何在内部被管理，被谁管理。一旦与外包公司签订了合同，就太迟了。

分包商的混乱管理

20 世纪 90 年代的外包经验告诉我们，外包决策应基于能否削减成本。然而，对于大量外包业务的公司，这一经验却带来了不利影响。最典型的是，一家公司最初可能有 15 家服务供应商，这些供应商却分别将工作分包给了其余 100 家甚至更多的分包商。管理者很快发现，了解这些关系网并实现最佳的工作效率并不容易。一些公司天真地以为，在邮件交流的帮助下，对这些伙伴的谈判、监控和支持都将减少，但当公司面临危机时，邮件交流无法取代亲自部署。

一种折中的方法——植入

公司可能发现需要显著地降低一项业务的间接费用，同时，保持对工作质量和产量的持续控制。然而，如果维持内部部门的成本超过了其提供服务的价值，或者高层管理者担心外部服务提供者会把公司看做“众多客户中的一个”，那么还有另外一种选择：植入。

这需要一些员工与外部的供应商签订合同，让员工在客户公司的经营场所工作。传统的外包选择有很多吸引人的特点：它将全日制的内部管理者从日复一日的行政管理工作中解放出来，节省了工资支付的成本并且将技术细节和员工培训工作的责任转移给外部公司。除了这些之外，“植入员工”将会更加轻松地融入客户公司的文化并且在安排每年的预算时会有较小的阻力。

一家大型的英国银行在处理其每年500万英镑的差旅费预算时就采取了这样的方式。针对如何最好地进行差旅支出与运营，这家银行的伦敦总部进行了一场招标。招标过后，该银行从十家外部旅行集团中选择了一个专家团队，并将其“植入”总部的差旅机构。植入的机构如今广泛地开展一系列之前由内部部门负责的旅游和住宿任务，例如酒店预订、货币兑换、护照更新、订票等。另外一个明显的好处就是那些航空公司和酒店提供的正常回扣被转回银行，这样就保证了分布于全国各地的大量交易信息被传递给相关部门。

一些公司对于植入的安排持谨慎的保留态度，引入了关于安全的相关问题。例如，内部的“植入员工”可以获得有关公司及其上级领导相关活动的机密信息。植入还可能引发一些其他问题，例如办公空间的占用、管理服务成本以及计算机电费的上升等。

植入型结构要发挥良好的作用需要由上级来监视以保证其质量和成本标准得到重视，其真正的优势在于巩固内部活动的各个方面，加强分散的行政活动的整合精简——所有这些事项都要占用经理和秘书的时间。适合进行植入安排的工作包括：旅游、餐饮服务、广告、设计、某些银行事宜、语言培训以及其他形式的专业技术培训工作。

内部部门的员工是可以变动的，设备也不必保持统一。例如，物流和通信部门可以由内部新的老板和雇主管理。传统的异地设施管理只能节省10%～20%的成本，采用植入概念的运营系统虽然是现场管理，却可以节约高达10%的成本。

另一个变化在于将外部购买的资源内部化以及由客户公司来管理。对于那些相关知识及其应用依然处于萌芽阶段，内部专业知识显然有限，业务需求被错误定义或者还处于发展阶段的项目，这会有极大的优势。

人员冗余

因停止某些内部活动而产生的人员冗余是管理层需要认真考虑的问题。两种通常的解决办法是：

1. 再次雇用前员工为顾问。
2. 劝导员工转移到与其负责的工作相关的公司去工作。

在打算考虑任何外包业务之前，首先需要考虑以下问题：

- 不论外包公司在处理业务时有多么高效，都要在项目中建立内部控制。这就意味着内部员工必须留下来监控项目的进程，一旦这些项目被外部公司接手，也能保证其顺利进行。我们总是急于消除不必要的工作，而不是削减必要的但非核心的业务，这方面总是被忽视。对于外派员工总是给予过多关注，而对于外包项目工作，关注的却远远不够。在项目外包之后，可能很难找到监督外包公司所承担的项目是否顺利运作的合适的专业人士。
- 若失去训练有素的员工，对于公司来说是种很大的危险。诱导中年员工离开，花费高成本去培训新的进入者，招募技能不足的年轻员工，这并不符合成本效益的原则。就业专家认为，在20世纪90年代之后人口预测显示会出现劳动力短缺，辞退有经验的员工是一种非常短视的行为。人才流失以及停止对有关人才的长期投资和培养，将会产生大量的间接费用，使组织处于一种不稳定的状态，一直努力寻找难以替代的员工。

最后的考量

正统的观点加剧了有关外包的争论，这些观点认为劳动密集型业务采用外包将会导致规模不经济，这些业务通常需要额外的人员来监督运营。然而，高层管理者在得知外包业务的实际总成本时往往很惊讶。冗余方案、遣散费和职业介绍机构都是一种成本，使组织的盈利大大降低。公司很少能够看到直接成本在少于15个月内得到回收。不管外包计划设计和实施得多么谨慎和人性化，总会出现由于员工不满而引发的对公司的诉讼，这将是一大笔开支。

此外，很少有企业考虑到被称为“机构或公司记忆库”（institutional or corporate memory）的未预料到的损失：公司的长期员工对于公司如何构建其市场和产品范围的相关知识和技能有深入的了解；错综复杂的、有时候包含个性化特征的国外关键客户关系；海外市场的细微差别；制造方法和采购安排等。

虽然继续完善企业的做事方法依然具有必要性，但是大规模地改变企业的做事方式在长远来看是具有破坏性的，并且会花费昂贵的恢复成本。

要点

- 如果内部职能服务不与实际市场相联系，而且无法接受市场的长期衡量，那么它很有可能变为实际上的垄断性行为。
- 太多的企业过度投资于简单的、商品化或标准化的产品和服务的专利权创造和生产。
- 公司内部生产的每一件产品都可能被视为较少考虑客户需求并且没有投入时间在满足客户需求上。
- 管理者每天花费三个小时以上的时间来处理由非核心业务引发的一系列问题。
- 专业化的知识以及复杂的IT设备和软件很容易转移管理者对于核心竞争力的注意力。
- 外包一些特定的业务可以减少办公室事务的复杂性，而且可以节省管理者的时间，使其集中于核心业务。
- 外包经常失败，因为服务提供商无法更有效地管理分包商，从而导致更高的费用和潜在的次优化工作——这是导致客户公司可能没有机会去控制和质疑的一个因素。
- 某项职能具有战略性吗？它有助于公司的竞争优势吗？客户能感知到它的作用或者其组成部分的价值吗？
- 这种职能可以转给外部的服务提供者，从而采取更具有市场导向的立场并且培养员工更广泛的技能吗？
- 外包业务是否会削弱“公司记忆库”，并且导致有价值的技能、关系网和生产流程的丧失？

检查表

管理者每天要花费大量的时间在一些业务上，这些业务都是部门（或者组织）的核心业务吗？	□
有没有这样一种形式使得横跨各个部门的业务可以有效地外包？	□
有没有不外包非核心业务的合理理由？	□
组织将会永久地丧失被客户视为增加价值的内部专业知识或者独特技能吗？	□
可不可以将内部非核心业务部门转换为独立服务提供商提供给其他组织服务，使之成为利润中心从而有更多的机会进行控制并且提高工作的透明度？	□
对于某项关键的非核心作业，高层管理者是否考虑到了外包交接中的转换期问题？	□
公司将如何处理服务提供过程中不可避免的中断？	□
有没有任命相关人员管理与外部供应商的新关系，并且在项目进程中保证其质量标准？	□
企业的内部服务水平能赶得上市场上的最好水平吗？通过： ——对于风险的理解、衡量和评估达到一定的水平。	□
——找到系统和专家，使其能够应付产品提供的复杂性，并在业务中提供足够的控制。	□
外包能够大大地减轻相关间接费用的负担吗？	□
间接费用能够被简单地量化并且追踪到活动上，从而有助于减少支持单元的相应成本吗？	□
组织是否了解一些非核心但是也许至关重要的业务如何运营？	□
保留业务过程的复杂性及其成本是否值得？	□

第4章

效率还是效果?

绩效管理的作用

找准平衡点

预算管理失败的一个重要原因就是对组织中个体行为模式的错误判断。组织通常不知道个体对于自身的职能定位，也不了解个体为了得到奖励会做些什么。在大型企业中，这些例子是很常见的：

- “鹦鹉学舌”（parroting back）综合征，通常表现为职能与支持部门的经理向上级重复着对下年数据的预期，而这些数据是他们的上级早已决定的。对于在大型企业中工作的经理，说领导愿意听到的话、鼓励下级单位的经理做类似的事，是一件更值得去做的事。简而言之，取悦上级比维持企业有效率地运营更加有利可图。
- 如果高层管理者不督促一线员工争取可获得的资源，员工就没有动力高水平地完成工作。对于绩效优异的管理者，如果他们得到与业绩平平的管理者相同水平的预算，那么他们就没有动力提高运营效率，也就不会付出努力了。
- 通常还没有设定优先性并制定可衡量的目标，管理者就分得了预算限额。因此，对于分得的预算资源，管理者没有提高生产能力的动机。正是这个原因，年初进行预算审批受到了批评。在年初通过预算的组织中，管理者只会在事后调整目标和计划。

- 一旦要求执行预算，就会据此评价管理者业绩。通常评价的方式是不恰当的，而且评价方式会影响管理者的行为。如果高层管理者只是简单地选取了投资回报率（ROI）作为评价指标，那么管理者将会作出最大化这一指标的决策。通过将费用推迟到下期确认、推迟更换陈旧设备、提前确认下期收入或虚增收入，利润中心的管理者可以人为捏造一个很高的投资回报率。

在上述举例中，预算都不再是制定目标的有用工具。预算的最终结果是鼓励所有部门在年末花掉全部可用资金。尽管一些大型服务部门的经理认为他们是在有效率地使用资金，但关注的重点也并不是最大化业绩。换句话说，有效率地使用资金，或在预算范围内使用资金，都不等于资金使用达到了应有的效果。表4—1进一步阐述了这种不一致。

表4—1　管理的效率与效果

概念	描述	特点	衡量指标	举例：新财务计划系统（new financial planning system）
效率（efficiency）	我们是否在正确地做事？	容易根据指标进行衡量和管理，但通常与最终目标不相关	业务水平 成本 关键比率与指标	可能使员工每天多两小时的空闲时间
效果（effectiveness）	我们是否在做正确的事？	间接的、主观的评价 经常影响销售额、利润或其他指标	收入 市场占有率 竞争力	仅当员工用空闲时间追求更大产出，才能真正实现效果

预算管理的关键作用应以效果为导向，但同样应有效率地使用资金。当大部分员工都在追求不同的目标时，这个导向是很难实现的。最大的威胁是管理者的努力方向是错误的，造成财务、人力的投入没有应有的效果。因此，高层管理者真正应该强调效果，特别是强调员工如何使用时间，这是激发财务资源实现高产出使用（productive use）的基础。

不断改变的劳动力形象

在20世纪50年代，彼得·德鲁克精确地预言了工作存在方向性错误的风险，以及由领导者日益专业化的工作任务而带来的浪费问题。这些领导者可能是科学家、IT专家、律师、金融师、营销专家等，但是，即便这些人受过良好的高等教育，他们又能多么有效地管理公司的人力与财力呢？

德鲁克关于劳动力受高等教育的这一推想，不仅变成了现实，而且在20世纪90年代变得非常普遍。如今的公司招聘“知识型员工”，这些人要有资质，掌握解决问题的技巧，并且可以承担专业领域的一系列工作。一个典型的例子是，这些工作人员会在组织内担任一些重要的职位，例如研究员、消费心理专家、产品（赔偿）责任律师，并且提供可行的专业建议与意见。

随着白领的服务业工作逐渐取代蓝领的制造业工作，高价值增量领域的工作占到所有工作的2/5，如金融领域、法律与技术等领域。德鲁克预言，在2000年之前，发达国家从事生产或物流的工人将不会超过劳动力的1/6。

在传统的“命令与控制”的组织结构下，指挥这类专业的工作人员是很困难的。这些专业人士通常专注于他们工作中技术层面的东西，因此很难使他们的工作专注于公司目标。他们聚在一起工作时，很可能追求更高的职业目标或专业目标，而这些追求通常不与公司目标相一致。他们倾向于比较其他公司相同岗位员工的业绩，在比较中衡量自己的成就。这就是所谓的工作方向性错误。如果这种方向性错误没有受到重视，在这些专业人士追求职业完美主义的过程中，他们为公司贡献的价值也就会很快消失了。

与组织的密切关系

如今很多公司都有数量众多的“知识型员工”。如何管理这些专业人士与组织管理的有效性有着非常密切的关系。在职能部门工作的专业人士，通常按照自己的职业标准努力做好工作，与此同时，他们带领着一群员工，使得大家共同追求完美主义。不管这种雄心壮志多么值得赞扬，过于追求完美会不可避免地形成过量且多余的工作，以及多样化的目标。

跨国组织中强势的职能部门，诸如财务控制部门、法律诉讼部门、人力资源部门，都会逐渐变成公司总部强有力的领导部门，导致在决策制定的过程中形成瓶颈。这些职能部门会强制执行一套“公司处理事务的方法”，试图使公司基业长青。这些控制方法通常包括为境外子公司规定成本结构与决策流程等，但这通常是没有必要的。控制会造成公司某种职能的过于集权化。

员工会按照一定的标准提供服务，如果这一标准不能有效地利用组织的资源，或与组织的要求不符，那么这种高度专业的服务很可能起到适得其反的效果。建立一个复杂的质量控制机制也许是可取的，但是公司真的需要技术人员为这一机制花费大量时间吗?同理,在市场研究人员衡量消费者满意度时,他们又需要把衡量方法研究得多么精确?法律顾问是否需要阅读每一页文件?

如果专业人士在工作中过于投入,或者把公司的需要想得过于复杂,这就是一种十分危险的情况了,因为他们的工作焦点已经不是组织的核心目标了。他们不再用对组织目标的贡献衡量自己的绩效、子公司的绩效,因为这一目标与他们自己的标准是相悖的。

高级经理经常抱怨说,了解这些专业经理人以及他们的部门在做什么是一个必输的结局。衡量生产能力的客观标准的缺失,使得提高潜在生产能力几乎是不可能的。评价机制会不可避免地衡量专业性的任务量,而非任务的有效性。举个例子,如果客户部新增了员工,他们会用客户量的增加来解释,而不是衡量有效性的指标,比如说可以更快地满足客户的需求。

无论如何,支持性部门的专业员工并不是仅有的偏离公司目标的人。如果没有各级管理层对员工工作方向与重心的指引,从事非管理性工作的大量员工都很容易偏离公司目标,做一些产出较少的工作。更损害公司利益的是,公司的员工也许认为效率就是衡量绩效的唯一指标。

罪魁祸首其实是高级经理自己。在他们看来,他们仅仅需要了解公司未来的总体规划,并且知道实现规划目标所必需的战略流程。在如今这个错综复杂的社会,这种态度已经很难站得住脚了。高级经理与员工的目标不一致会迅速造成组织紊乱,导致浪费或重复劳动。

员工激励

对于想要指引员工实现最佳绩效的经理来说,工作中的行为问题理所当然地成为一个复杂且敏感的问题。想要理解这一问题,理论基础就是由美国学者道格拉斯·麦格雷戈(Douglas McGregor)首次提出的激励的经典双重理论(classical dual theory)。这一理论首次关注经理对员工的态度。第一重理论(X理论)比较消极,认为员工是懒散的,天生不喜欢工作(比起工作,他们更愿意花时间在休闲娱乐活动上);为了获得一点点可能实现组织目标的努力,经理都需要严格监督,甚至强迫员工。

第二重理论(Y理论)更加容易接受也更开明,认为大多数人都是愿意工作的。如果予以激励,在适当的工作环境下,员工会显示出他们的创新、魄力、热情与自律,更有利于部门目标的实现。真实的情况究竟怎样,大概是在这两种理论之间的某一点吧。

有一件事情是确定的,基于员工行为将其分类的假设是一个自我实现的预言。

如果管理者把员工视为懒散、能力不足的，他们将会发现员工的表现与他们的认识是相符的。如果管理者鼓励员工接受更具挑战性的工作，指引员工在工作中成长，并把他们视为有价值的员工，那么这些员工就真的为公司带来了更多的贡献。两件事情很关键：第一，要鼓励管理层在指引员工实现公司目标、避免浪费的过程中发挥前瞻性的作用；第二，要推进一个基于人力、财力运用效果的评价体系，而非只注重效率。

将股票期权用于绩效激励的危险

股票期权是实现优异业绩与目标一致性的有效手段，这一观点的提出是明显需要基于一些假设的。其中一个假设就是，通过股票期权，公司的长期财务状况与经理个人收入挂钩；他们越努力为公司创造利润，市场就会通过高股价给他们越高的回报。如果说这就是经理人实现组织目标的动力来源，那未免有些牵强。

股票期权是对雇员的奖励，却没有让他们像股东那样掌握对公司的经营话语权。对于股票期权的持有者来说，这是一个风险相对小的赌局。如果股价上涨，他们会赚钱；如果股价下跌，他们仍旧可以用工资维持生活。无论如何，期权持有者可以不行权以避免损失。这样一来，外部投资者与期权持有者的利益就不平等了。想要让经理人提高业绩并与公司目标保持一致，股票期权的作用只是暂时的。

期权持有者同样有很强的动机完成一个短期目标——提高股价。收入与费用在短期很容易被人为操纵，相关内容将会在下一章详细叙述。最终，一个公司的股价是受到外部影响而产生波动，与经理人的个人表现毫无关系。牛市时的经验向我们展示了持有期权的经理人的暴富过程，即使是业绩平平的公司经理也是如此。

股权激励计划是否应该覆盖更广泛的员工群体，分析家最近对此观点持质疑态度。美国某主要能源公司鼓励员工用他们的退休金投资公司股票。当公司濒临破产时，这些员工发现他们丢掉的不只是自己的工作，还有下半辈子的养老金。

用投资回报率评价绩效并与奖金挂钩的风险

有些公司用一个单一指标衡量经理人业绩，如投资回报率（ROI），并基于此发放年度奖金。这一现象引起了激烈的讨论。同样，这种激励方式也是基于一个假设的——为了使每年的投资回报率最高，经理人会关注业务部门的运营以使投资回报率最大化。这种绩效衡量方式的核心特点是，经理人会根据投资回报率的计算过程管理公司：

- 分子是基于会计利润的数据，这促使经理人通过严格控制成本和增加销售额，最大化收入与成本的差额。

- 分母包括固定资产投资与运营资本投资（存货、应收账款、现金），这迫使经理人提高固定资产的使用效率，持有最少量的存货，制定更严谨的商业授信政策，避免现金流转不畅。

如果高级经理给予责任中心经理较大的 ROI 目标值范围，并设不同等级，经理们将会不遗余力地最大化这一指标。如果他们的年终奖金是基于 ROI 的，在短期或中期，这可能会带来次优化的决策。这种 ROI 控制体系会在以下方面带来次优化决策：

- 为了追求最大化 ROI 的短期目标，经理人会尽可能减少业务部门的投资。当且仅当经理期望 ROI 达到目标值时，他们才会这么做。
- 经理人知道他们在公司的任职期不长，他们可能会推迟投资、将费用的发生推迟到下期、提前确认下期的收入，或者采用上述方法的组合。
- 经理人尽可能地租入固定资产，而不是买入需要定制的、性质特殊的资产，如仓库。
- 公司使用账面总值（而非考虑折旧和摊销的账面价值）作为计算投资的基础，可能导致经理人过早处置一些尚可使用的资产，仅仅因为这些资产无法带来与责任中心等水平的利润。

在上述任何一种情况下，业务部门经理都可以通过减少成本、增加销售额、提高售价或降低投资额来最大化短期 ROI，他们所做的决策对公司的长期利益是有害的。从成本控制的视角看，当前节约的成本很可能为未来带来大额的投资支出，投资支出甚至可能进一步导致设备冗余等持续性的问题。任期短的经理拿了两年奖金就离开了公司，把这样一个摊子留给下一任经理收拾，公司发展的机遇就在这样的过程中错过了。如果想让公司再次快速发展，还需要投入更高的成本。

目标管理

实现发展的一个可能途径是目标管理，它的要点在图 4—1 中展示出来。目标管理以彼得·德鲁克在 20 世纪 50 年代提出的概念为基础，旨在完善目标制定流程，使组织在共同实现目标的过程中，关注支持功能与业务功能。

在部门层面，目标是通过经理与员工的共识达成的。这些目标通常包含三个不可或缺的特点，它们必须：

1. 与体系中每个员工的工作息息相关。

2. 是部门内部与部门之间层面上的协作、交流的目标。

3. 反映了组织的总体目标。

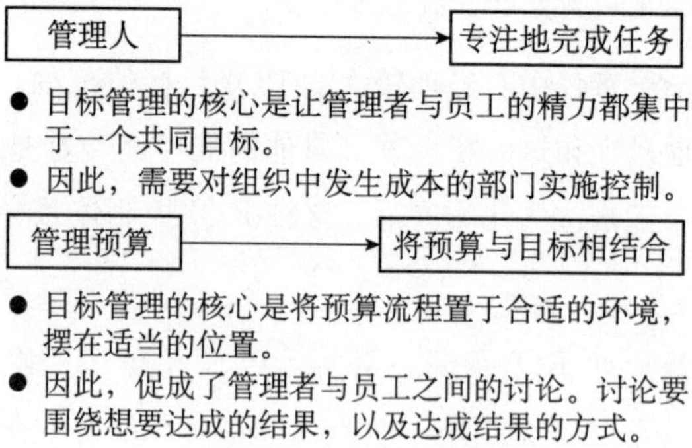

图 4—1 目标管理

目标管理不再是评价员工的方法，它已经演变成一个具有更丰富内涵的概念，包括整个组织的激励、绩效评价与控制体系。它能够帮助高层管理者解决人力、财力、时间的浪费问题，提升预算目标。

之所以会出现浪费的精力、重复的劳动、未实现的雄心与未达成的目标，是因为组织没能用一系列界定清晰的目标引导管理者与员工的行为，这将会带来高额的间接费用。有些作业、任务或书面工作非常琐碎，对业务单元的绩效却没有很大的贡献。目标管理会减少这些低价值的劳动，从而降低间接费用。高层管理者经常对支持部门与职能部门的工作感到惊讶，因为他们发现这些工作并不符合成本效益原则。目标管理的关键步骤就是确保低价值的工作确实停止了，而不是隐藏在其他的地方。

过多的书面工作、邮件，可能是因为员工没有一个统一的目标。举例来说，员工选择进行书面工作，是为了在出错时保护自己。他们相信他们的业绩可以通过书面文件的数量与信息量来衡量。他们的座右铭可能是："如果它是书面形式的，那么它很重要。"

目标管理——最大的贡献

目标管理的最大贡献不仅仅是通过减少不必要的书面工作与收发邮件的时间来降低成本，还包括帮助管理者与员工更有效率地完成真正重要的工作。当管理者与员工都承受着过多的信息时，他们很容易看不到问题的实质，也很难分辨事情的重要性程度。通过设立有意义的针对性目标，目标管理可以帮助专业化运营部门，使其将注意力放在发现并衡量成果上，而不是只关注作业。举个例子，财务部门可以设立目标减少应收账款或加快现金周转；研发部门可以设立目标在规定的时间内开发出规定数量的产品。

如果不能从整体上衡量业务部门对组织的贡献，那么提供专业支持和行政服务的部门员工就很可能被误导。组织目标本身太抽象，可能无法被多数员工理解，但是通过定义想要实现的关键成果，员工就不会在抽象的、琐碎的或管理性的任务上浪费太多时间，不再过多地做无用的书面工作。

员工经常会无意地从事于没有价值增量的工作，导致带来额外成本。目标管理的作用就是帮助管理者更好地控制员工的这些行为。总之，目标管理认为每个人、每项工作都有存在的理由。可以把这个理由表述为一个目标，既是人的目标，也是工作的目标。鼓励支持性部门和行政部门的员工讨论对于自己所从事工作的认知、对于组织目标的认知，以及对于要达成的成果的认知，这可以增进他们对于工作的热情与工作责任的共同理解。

目标管理的优势

- 目标管理将公司目标联系起来。

  至少，专业员工能够理解管理者的目标，并且理解每个部门/单元目标与个人目标之间是如何联系的。一项研究表明，商业计算机程序的成功开发源于 IT 总监与首席执行官的良好关系，而这种良好关系得益于他们对于计算机编程的共同理解——将其作为评价并形成组织竞争力的方法，而不仅仅考虑自动化和效率。

- 目标管理鼓励管理规划。

  高层管理者与一线经理将会受益，因为他们规划业务时可以考虑到其他的业务。目标管理使组织的总体蓝图可视化，使管理者能够关注到真正关键的绩效领域。

- 目标管理使基层员工参与目标设定流程。

  由于在设定目标时咨询了员工，而且鼓励员工讨论目标，员工在工作时将会更致力于目标的实现。

- 目标管理增强了沟通与互动。

  组织各方围绕目标进行越多的对话，就会越关注努力与时间。目标管理在强调这一关注点时是最有效的。高层管理者不会再抱怨中层管理者对公司目标的不理解或对其片面把握。目标管理的对话可以使管理者专注于重要的事情，以及如何使自己的角色融入组织更大的计划中。这样一来，自 20 世纪 80 年代出现的“内容杂乱”现象——无数的命令与战略——可以变得更加相关，因为目标管理可以贯穿所有层级。

- 目标管理设立具体的、可衡量的绩效目标。

  业务的评估与监督得到了改善，也因此促进了项目的发展。如果这与预算系统相联系，或者与奖金/激励系统相联系，还会带来更好的控制。

目标管理的主要目标不是让员工更努力地工作，或让员工把原来的工作做得更好，而是让员工去做真正重要的工作。正如彼得·德鲁克所说：

“最无用的工作就是高效地完成原本不需要做的事情。”

如果员工了解他们的工作，了解为什么他们需要完成这些任务，那么他们就会停止无用的工作，时间也因此大大节省。

误解目标管理系统的危险

当管理层误解了目标管理的真正作用，看似简单的命令可能会起到相反的效果。如果管理者有以下行为，员工就会感到困惑与不满：

- 不断地要求员工提前某项工作。如果员工工作压力大，只知道日常工作中的紧要任务，无法理清自己应该先做什么、后做什么，那么这倒是一个可以在短期内解决问题的有效方法。
- 强调用更少的资源做更多的事。更长的工作时间和更多的工作任务只会导致员工怠工、缺勤以及不满员工的离职。
- 催促员工在工作中达到更高的效率。这必须基于这样一个假设：员工之前的工作是无效率的，但这一假设可能是错误的。管理者这样的态度只会引起员工的抵触行为。

个人的目标应该与组织的目标相联系。在实现目标的过程中，应鼓励员工专注于精简工作流程（书面工作与数据收集/发布），从而将节约出来的时间用于能够满足客户需求、促进目标实现的工作中去。

目标管理的作用

要减少浪费，管理者与员工需要进行双向交流，因为只有参与到日常运营中的员工才能对浪费有更深刻的认识。目标管理为这样的双向交流提供了契机。公司通常会认识到，想要发现投入哪些领域的时间与精力是被浪费的，必须重视参与这些领域运营的员工，但是如何组织这样的交流是一个难题。管理者需要帮助员工审视一些运营流程，这些运营流程通常满足如下标准：

行政职能的重复以及其他浪费

在整个组织中，有两个甚至更多的人负责有关客户、销量、支出等相同信息，这就是行政工作重复的一个例子。如果员工提出免除行政流程中某个不必要的工作步骤，可以提高这一员工的职位，这也帮助组织减低了浪费的可能性。

浪费不是偶然发生的，它是由员工不一致的工作重心引起的。浪费可以理解为一项公司成本，这是它最狭义的概念。通常情况下，没有人专门关注浪费产生的成本是如何发生的。一个公司可能更关注处置不需要的资产，或者鼓励节能措施，例如在办公后关掉电灯与机器，但忽略了其他减少浪费的可能性。

在目标管理下讨论浪费，大家可能会关注边角余料、废品、质量缺陷或生产过程损耗，还可能包括很多其他的高层管理者不能马上认识到的方面，例如漆桶里没用完的油漆、过于精美却无用的包装、处置废损库存所需要的时间、没有调节到最佳状态的机器设备。

想要改正这些问题，重新规划破损、过剩或者不足的部件与商品的仓储与处置，需要付出时间与精力，而时间与精力是有机会成本的。管理层同样应该与员工研究这些额外却隐藏着的机会成本。尽管这些工作都很难带来成就感，但是浪费成本的问题必须解决。久而久之，节约的成本就非常可观了。

员工需要等待任务或返工

当工作规定了先后顺序时，工作延误就形成了。例如，当信息不充分或授权未审批时，下一项工作是无法进行的。同样，当工作指引制定不当，说明不充分或培训不全面时，所有级别的工作都可能发生返工。在讨论中应该鼓励员工说出他们什么时候需要等待任务或重复劳动，并确保他们敢于说出自己没有任务的情形。只有发现了产生问题的原因（例如部门工作日程安排不当或培训不充分），管理者和员工才能做出补救行动。一家美国银行就曾经推出一项基础技能培训项目，因为它发现由于错误拼写与语法问题，70%的信件都需要重新输入。

难以发现个人对部门战略重心的贡献

这里再次重申，员工需要有机会审视自己的日常工作，以评估哪些是工作重心，哪些是重要的，哪些是琐碎不重要的，这就意味着员工的工作内容包括评估自己的工作，为什么要做这些工作，以及怎样省去不必要以及低附加值的工作。

在部门级别，目标管理的讨论成果包括舍去规章、繁杂的程序、复查、报告和签字要求这些与最初定位的部门职能毫无关系的东西，从而让员工将注意力转移到真正创造价值的工作上来。同样的，要询问员工如何使任务合理化、间接费用最低化。例如：有没有管理存货的更好方法？能否进一步降低运输成本？有没有替代性程序？归档程序还能再简化吗？

由工作重心冲突产生的工作量超负荷问题

如果每一项工作都被标记为“紧急”，那么工作重心对员工而言没有意义。管理者同样需要明确界定自己的工作重心，并与要求员工所做的相一致。如果管理者不了解自己的工作日程，不停地告诉员工哪些工作需要马上完成，那么整个体系应有的工作秩序就不复存在了。

由缓慢或不存在的决策制定产生的迟钝

这是由管理者无法提供及时与清晰的决策信息引起的。随着经济萧条作用下的销量下降与日趋激烈的竞争，公司逐渐发现必须强调迅速决策的文化。目标管理下的讨论可以揭示工作流程中的缺陷，正是这些有缺陷的工作流程影响了员工业绩。一些优秀的公司通过以下方法解决这些问题：

- 推进 IT 网络的使用，企业不再需要纸面推动的行政体系，也不会存在数据的重复访问；
- 在一定的时间里，激发不同职能部门的员工进行团队协作，打破不同部门的官僚界限；
- 鼓励（刚开始要进行引导）基层员工在工作中主动决策。

最后一个方法可以用一家大型英国保险公司的例子说明。多年来，这家公司的组织文化都是行政中心式。当员工有要求时，要顺着垂直式的管理层级，将正在进行的工作汇报给管理者或部门经理；待检查与审批后，员工的要求才能得到处理。这样一个体系从未被质疑，因为它能确保准确性，但是它挫伤了员工的积极性。

在执行目标管理之后，关注重点是更加迅速地处理员工的要求；更重要的是，责任被分解到每一个员工身上，使他们更有责任感地完成基础工作。制定的目标可以是 90%的电话要在 3 秒钟之内得到回应；目标也可以是绝大多数的员工要求要在两天内得到解决。目标管理系统强调如下三个要素：

- 员工关注可以加快工作的合适工具——一个整合的 IT 系统，可以在处理整个交易流程时减少数据的重复访问；
- 基层员工愿意承担更多的责任；
- 管理者需要有更多的时间，使他们在公司业务的发展（开拓新市场与提升服务）中起到前瞻性的作用。

上述内容告诉我们，如果对要实现的目标没有清晰的理解，管理系统是无法发挥效力的，这也突出了目标管理方法本身所蕴藏的东西。管理流程实质上是从制定清晰目标开始的。

建立目标管理体系

目标管理的主要推动力在于：目标是由管理者和员工共同决定的，总体目标与具体目标都得到了明确的表述。

1. 每一位员工都在制定他们自己的目标以及他们的工作目标。这些目标必须是明确的、可衡量的。

2. 管理者制定组织的整体规划与总体目标，帮助每一位员工理解他们的计划如何融入到组织的整体规划中来，从而帮助他们致力于一个相同的总体目标。

3. 上下级之间对一些短期目标达成共识，并且这些短期目标是与公司的整体目标相联系的。

4. 目标管理需要对项目或任务的时间表达成一致，要在时间表中频繁地安排关于进度的讨论。在项目进程中的复查、评估以及对目标的调整变得必不可少。

成功推行的要素

不可否认的是，很多组织在推行目标管理时都失败了。如果在推行的过程中，书面工作占用了大量时间，会议总是推迟，目标又无法得到清晰的阐述，那么目标管理是很难有效果的。在很多组织里，目标管理失败的最主要原因是没有真正投入精力，既包括管理者（“我没有时间投入到这项工作中去”），也包括下属（“我的工作不是已经很有效率了吗”）。如果说还有什么导致了目标管理的失败，那就是短期目标已经完全占据了高层管理者的头脑。

毋庸置疑，对于目标管理的担忧还包括建立并保持这一体系所需要的成本：即使电脑程序与软件可以减少很多工作量，但是仍旧有大量的表格要填、要处理、要归档。除此以外，管理者也需要接受培训，以更好地进行面试、评估员工等。最终，目标管理的收益必须超过培训课、书面工作与电脑软件的成本。

目标管理不一定是一个严重官僚的体制。让各级员工都专注于关键工作领域需要花费时间，而这种时间成本将会在长期带来回报。很多管理者都坚信，他们已经很好地设立了各级目标，但是在很大程度上，目标管理是推行各级目标制定的一个更加正式的方法。无论如何，目标管理的真正价值在于：管理者和员工必须进行双向交流，讨论未来一段时期内的具体任务和需要优先完成的工作，以确保员工投入工作，并讨论搭建一个工作体系，以保证管理者与员工共同监督工作进度。

目标管理体系的成功推行有赖于如下三个关键要素：

高层管理者的支持

高层管理者对引入目标管理的贡献可能仅限于他对公司如何重要的高谈阔论，或是在公司网站上的豪言壮语。如果是这样，责任中心的管理者与他们的员工都不会认真对待目标管理。管理者必须以最果断的态度参与这一过程，不仅仅支持目标管理的推行，还要监督整个推行过程。必须组建一个团队推行目标管理，这个团队应由高层管理者（包括首席执行官）组成，由他们监督推行进度，批准员工建议。

体系的有效设计

管理层总是有这样的想法，他们认为购入一个外部咨询师推荐的体系，然后将这一体系在各个层级贯彻下去，就可以推行成功。目标管理可不是从货架上买来的一个软件，这一体系需要进行调整并设计，以满足组织使用的需求。想让目标管理流程适应组织特定的环境就一定要花心思，还要周全地考虑公司的组织结构、公司文化、预算及报告系统。目标管理不是普适性的一般体系，它需要必要的改动才能适用。目标管理流程必须与公司的员工绩效评价体系，以及财务与运营活动监控体系协调一致。

体系的持续管理

一旦目标管理体系得以推行，体系的持续动力对于维持员工对工作的投入是必不可少的，这就需要人力资源部门的监督。如果存在与标准目标管理实践的偏离，人力资源部门应有足够的权限进行干涉。如果组织内只有一半的部门实行目标管理，而另一半选择忽略，那么组织是不会有所收获的。如果没有高层管理者牵头，这一过程是很缓慢的，甚至目标管理体系在组织内不复存在了，或者最好的情况也不过是，目标管理只在单个部门层面存在。

预算与目标管理

预算与控制在目标管理体系中起着核心作用。其实，高层管理者希望拓展预算的作用，使其包含更大范围的业绩指标，从而使每名员工都会为自己设定目标。预算的作用不应仅限于控制与监督财务数据。责任中心的管理者不应仅仅关心完成固定的目标，应该鼓励他们通过目标管理体系实现手中可用资源的最优使用，这些资源包括固定资产、员工、租赁场地等。在这种情况下，控制不过是第二要务。核心要务是，管理者要把分配预算看做预算流程的结果，而非预算的开始。如果预算的作用是告诉责任中心的管理者需要完成怎样的目标，那么对于目标管理体系来说，预算就是一个限制因素了。

将基于“控制”的传统预算机制转变为基于“授权”的预算，需要做到以下几点：

1. 在目标制定流程中，预算需要重新定位。要先制定部门层面的目标，并且这一目标与组织的整体目标相一致。要在制定目标后再考虑预算，不能反过来。

2. 部门经理应该有机会为资源竞争。这意味着没有在最佳水平下运营的那些部门，不应该得到与持续高业绩水平部门相同的资源。

3. 管理者的目标应该是最大化资源收益，而不是花掉分得的资金。

4. 所有的部门目标都应配有实现目标的具体规划，这些目标应该用一些指标详细说明，例如收入、成本、生产节约、场地使用、员工利用等，还有投资回报率。

5. 最终的预算分配还应考虑：

- 每一名部门管理者相对于目标的业绩；
- 与组织战略目标的相关性。

6. 预算期间应该大于一年，通常为 2～3 年，从而为管理者留出规划的时间。

拓展后的预算时间表预示着高级财务官角色的根本变革。预算不再是基于回头看的事后控制。财务官必须变成高层管理者，向前看，并与责任中心管理者合作制定战略目标，这将会带来更加务实的预算规划。

在责任中心层面，预算可以从一个不同的视角理解：资源分配与每个部门的目标相联系。在预算确定后，销售人员不需要再上交费用预算。这样一来，计划不再始于预算分配，结果也就不再是事先确定的了。此外，高层管理者也不再能预见到预算的分配结果。每一个管理者都能阐述将会如何利用分得的资源。

从增量预算向目标管理式预算的转变并非易事。也许组织已经有数十年基于差异报告的文化，以服务于控制的目的，想要实现这种转变，就必须背离这一文化。同样，责任中心的管理者不得不适应一个全新的规划程序，这一程序与预算、目标、计划相联系，但次序却与以前不同，而且责任中心的管理者还必须说明，他们将如何利用手头资源实现最优化业绩。

成本控制的规划方法

绝大多数控制成本的努力都没有见效，因为管理者的关注点太狭隘了，通常只限于控制预算中某一项具体的支出，例如通信、房屋维护、培训与差旅费。效率咨询师早就告诉我们，如果单独地追溯组织中某项作业的间接费用，而不考虑其他直接或间接影响它的任务，那么间接费用的深度分析是无法完成的。

在过去的几十年里，很多大型企业利用传统预算评估方法，很难完成间接费用的评估分析，还有一些其他的原因：

- 预算流程与公司多样化的目标、服务的市场以及提供的产品联系甚微；
- 预算流程缺乏充分整合，企业无法监控到全部作业，而只能关注到某些“高调”作业或新项目；
- 作业资源的计算与分配依旧以增量为基础，预算流程在评估正在进行的作业时，只能提供一些不重要的概念框架。

对预算项目逐项分析审查的方法已经不再适用，更受欢迎的是一种修正后的预算分配流程，叫做计划项目预算制（planning programming budgeting system，PPBS）。它包含着对工作的整体规划，或者对构成更大项目的一系列作业的规划。它的目的是使一些重要的战略或战术性问题公开化。管理者可以站在一旁仔细观察公司的整体图景，从而对公司的总体目标有更深刻的认识，而在狭隘的微观管理方式下，管理者就做不到这一点，大概只能注意到广告、影印、装修应该花多少钱。

计划项目预算制有很多极具吸引力的特点，这些特点帮助管理者决定公司的总体作业规划，分析某个部门计划的提议，识别出花费不菲的与其他项目重复的计划。这一方法有三个要点：第一，它是一个正式的规划制度；第二，它使用的是项目/规划预算方法，而非单个项目预算模型；第三，它重视成本效益分析。

推行计划项目预算制度

第一步：目标分析

组织作业每一关键领域的项目/规划都有目标，第一步就是对这些目标的详细分析。在组织运营过程中，无论多么重视这一步都是不过分的。它使得各部门的管理者从自己的项目或想要从事的作业中走出来，重新地、更清晰地看待他们的目标，思考他们想要实现的究竟是什么。

举个例子来说，试想一个公司正计划在南美设立一个新的制造中心。如果讨论围绕着从零开始建设厂房需要多少资源，那么管理者就很难想到这一投资的目的究竟是什么，除非有一个更高的目标——为公司产品的生产与配送提供一个当地的基地——不然在南美建一个厂房就没有什么用处。即使这真的成了公司的主要目标，也可以考虑其他可行的做法，例如兼并当地的一个生产基地，或找到当地的一家具有营业执照并准备投产的公司，或者简单地通过分销商向当地出口。通过比较成本收益，决定采用哪种战略方式进入当地市场。如果管理者将这一目标习惯性地理解为建厂房、雇用当地工人等，那么各种做法之间的比较过程就不可能存在了。

很显然，如果管理者对目标的定义、理解过于宽泛，他们是帮不上自己的。举个例子，坐落于南美的新工厂，从总体上来说，可能有利于当地市场渗透以及获得更高额的利润，但是这样表述的目标不能很好地说明是否应该建立厂房，建立什么样的厂房，这与公司战略和政策的关系。在厂房的例子中，管理者需要的是更多方面的明确目标，而不仅仅是建筑结构与坐落地点这些方面；也要摆脱狭隘的目标，例如认为目标仅仅是提高市场渗透率。管理者将会发现，他们对于正确目标的认识与决策流程是不断相互作用的。在努力达成目标的过程中，他们开始更加清晰地认识目标本身。最终，他们将会明白，想要达成的这一目标是否切实可行。

第二步：计算产量

计划项目预算制的第二步是结合第一步中提到的目标，分析特定项目的具体产量。再一次声明，管理者一定不能只思考厂房应该建在哪，总体成本是多少，管理者应该考虑更加根本的问题：按照更具成本效益的生产流程要求，这一项目应该生产什么；如何应对进口壁垒，以使产品更快进入市场。在这一阶段，需要计算有多少潜在客户，考虑如何提高质量，并思考选择这一战略可以节约多少时间与金钱等。这些都是非常重要的问题。

第三步：估算成本

第三步是估算项目的总成本，不仅仅是第一年的成本，还包括未来几年的成本。此处的成本应该考虑保养费、维护费以及每年的运营成本。一旦厂房建成，管理层将会发现每年的保养维护费会占到全年总成本的 10%。这并不意味着应该放弃该项目，只是想提醒管理层注意在后续几年里发生的间接成本的影响，而非仅仅考虑第一年的建设成本。

这一阶段还要考虑其他的相关成本，例如相关的土地成本、人力成本与固定资产成本。这些成本在不同国家是不一样的，即使在同一地区，也可能不尽相同。一家美国的私人快递公司发现，他们需要将总部从一个州搬到另一个州，因为当地的高房价使公司很难留住有才能的管理者。公司的选址问题也决定了另一项隐含成本，即外地管理者的住房成本。公司在选择海外地点作为办公生产场所时，如果想单纯以国内生产成本来衡量海外成本，那就得让本地员工也到那里去工作，但这是很难实现的，因为员工都不想承担高额的融合成本与子女教育成本。

第四步：考虑替代方案

最后一步，也是最关键的一步，就是分析替代方案，找出那些能够有效实现第一步所明确的目标，或能够以最低的成本实现目标的方案。在上文建造厂房的例子中，管理者应该考虑所有替代方案。例如，在周边国家进行有效的组织扩张，有可能还会享受到合资企业、特许经营等优惠政策；完善或升级北美工厂的物流系统，使其可以供货于拉丁美洲，与此同时在当地寻找合作伙伴或授权运营商；或者直接兼并当地已有的经营实体。

计划项目预算制流程所固有的严密分析，鼓励管理者权衡特定的项目或作业。它的目的并不是使管理者在未来继续或批准项目时免遭质疑与挑战，而是帮助管理者实现更高的目标，或在同样结果的前提下，选择更具有成本效益的项目。它甚至可能引发公司对全部作业重新进行战略性评估。

公司主要的资本支出可能用于总部重要的IT系统，这一部分资本支出同样需要进行计划项目预算制分析。比如，IT系统可以增强自动化，如果这一提议将目标表述为"增进信息共享"，那么它可能不会为企业在寻找成本效益式解决方案的过程中带来很大价值。为了使IT引起管理者的兴趣，它需要解决其他问题，不仅仅是将现有人工作业自动化的问题。计划项目预算制使管理者在决策之前，能够发现设计、开发与执行自动化系统过程中的隐含成本。

推行计划项目预算制的问题

尽管在很多方面计划项目预算制存在明显的优势，例如，使大家共同关注不断改善的项目目标，有利于避免作业的重复，但是一些行为问题与行政问题可能会浮现出来。在现有的组织文化下，管理层可以全面定义目标，定量衡量目标，找出实现目标的替代方案，并根据它们的可取性排序吗？在一些组织中，严格的部门障碍已经造成了对其他专业职能的不信任，而且组织内部也很难意识到环境的变化。在这种情况下，计划项目预算制很可能被当做一种威胁。例如，在IT系统下引入灵活合理的制造系统，可能会威胁制造运营经理的领导权，也就妨碍了引入这一系统的讨论。推行计划项目预算制会遇到各种各样的问题，如下是一些例子：

- 当管理层试图综览所有作业、关注项目的终极目标时，他们不应该漏掉一些附加的、相关联的成本，比如分配到项目的员工人数与支持服务。

在这样的方式下，企业更容易扩张，因为管理者不会受到某个成本项目的限制。然而，随着企业的规模越来越大，管理者更需要基于某个成本项目监督支出。

- 组织内决策制定文化的改变会导致一定的行为后果，采用计划项目预算制需要仔细研究这种后果。计划项目预算制编制意味着，在预算决策过程中需要更加集权化，而责任中心管理者是分权的产物，他们在支出控制方面承担更大的责任，计划项目预算制在这一点上是与之不符的，而且支持服务部门的领导也不会喜欢计划项目预算制。在新的预算体制下，各级员工以及各个责任中心在行动前都需要获得批准，这将需要一系列复杂的协商，这是新的预算体制无法忽略的。当成果无法量化时，协商的过程将愈发复杂。
- 想要保证市场、设计、工程、生产等不同部门的专业人士更加密切地合作，使他们接受一个基于共同项目或规划的决策制定方法是很难实现的。项目领导者可能会发现，要想成为职能部门的领导，他们还欠缺必要的意志力。公司没有强势产品，没有规划管理的职能，缺少应有技能，都可能是从发现无法形成团队式的解决方案开始的。

要点

- 效果不是通过员工更努力地工作实现的；完成的工作量比要做的工作量更有说服力。
- 劳动力的形象已经发生了变化。有越来越多受过良好教育的专业人士加入员工队伍，他们追求的是专业目标。他们是否有能力高效地管理人力与财力，以实现公司的整体目标？
- 通过将目标制定流程与组织战略目标更紧密地结合，组织不再需要成本高昂以及非必要的任务。
- 将投资回报率作为衡量业绩的唯一指标，会误导责任中心的管理者为了最大化这一指标进行错误决策。利润中心的管理者可以低估费用、推迟必要投资、提前确认收入来人为捏造更高的投资回报率。
- 目标管理应该鼓励管理者更好地对员工行为进行控制。如果没有这些控制，员工可能会从事没有价值增量的工作，引起成本增加。在目标管理下，与员工的讨论应围绕精简工作流程、减少浪费、在核心任务上更好地利用时间。
- 要在制定目标后再考虑预算，不能反过来！

- 在项目与规划中，需要估算大额支出。关键的战略与战术问题应通过以下方式公开化：
  —发起关于目标的讨论；
  —识别并计算最终的收益；
  —估算维持这一作业的长期成本。

✔ 检查表

目前组织内的目标制定文化是否支持管理者与员工的双向交流，从而识别浪费的领域、发现减少浪费的方式？ □

是否精确阐述、广泛宣传部门目标，使得员工能够评估他们自己的工作，从而舍弃不必要以及低价值增量的任务？ □

通过推行“处理事务的公司方法”，强势的职能部门是否存在不必要的追求完美的文化，导致了某种职能过分集权？ □

在预算审批前或审批之后，管理者是否被要求修改他们的目标？ □

管理者是否有权力制定目标，并将目标与实际的、可衡量的结果（即创造更多收入、成本最小化、更大的产量、占用更少空间、提前完成任务等）联系起来？ □

效率是不是衡量绩效的唯一标尺？（这不利于公司推行“做正确的事”的理念。） □

管理者在制定目标的过程中，是否被鼓励不只专注于专业目标，还计划着将手头资源（比如：固定资产、员工、办公地点等）实现最优利用？ □

用计划项目预算制方法解决优先支出问题必须考虑四个问题：
—能否对项目的基本目的进行详细说明与分析？ □

—管理者能否明确项目的产出，即成果、收益与其他财务或市场特征？ □

—项目的总成本是否包括了未来几年，是否已经量化？ □

—替代方案是否经过了调查与考虑？ □

第5章

追溯组织活动的真实成本

作业成本法

传统的成本系统为什么会失效

高层管理者如何能够得知哪个产品线是真正盈利的？哪些品牌应该被撤下？在多样化的细分市场中，到底有多少工时和辅助支持工作真正用于构建和维持客户关系当中？如果财务部门不能正确地观察和衡量多样化的企业作业，那么回答上述问题将会是一项艰巨的任务。

传统的以数量为基础的成本计算方法可能无法传递出关于定价、产品选择和资源配置的准确信号。除了直接的生产和运营成本，传统的成本计算系统无法为分摊或者分配间接费用提供一个精确的基础。通常情况下，间接费用按照以下基础来分配：

- 管理部门、生产线、车间或者销售领域的直接工时；
- 占用的实体空间的面积；
- 生产或者销售的产品数量；
- 接待的客户数量。

在20世纪60年代，上面所述的标准都很适用，因为那时劳动力、材料和（直接）间接费用是企业的关键成本因素。然而随着直接人工成本相比于制造和支持作业的成本大幅度下降，以及营销费用的增速超过工厂和劳动力成本增速的三倍，成本计算系统中可能会出现一些重大的变化。此外，会计人员也在抱怨他们在衡量组织作业中间接的、无法量化的劳动力要素时存在一些困难。在非制造业或者服务业企业，这个问题更加严重，因为这些公司以实际成本作为分配基础。公司股东开始怀疑不断增加组织作业的多样性能否带来增值。普华永道，一家会计师事务所和咨询公司，最近发布了一个令人震惊的消息，他们估计在大多数组织中，有高达66%的资源被分配给了那些无法增加价值的活动。

引入作业成本法

为了更好地理解成本习性，一些企业开始鼓励它们的会计人员去做那些日本企业已经做了很多年的工作：在会计职能之外扩展他们的兴趣和知识面，以便更好地理解生产环境的复杂性以及真实的市场中正在发生的事情。在设置企业整体成本计算系统时，了解关键职能是如何工作的、跨部门联动的复杂性以及它们的成本习性是非常关键的。换句话说，理想的成本计算系统应该反映整个企业，包括工厂和管理部门，追溯记录制造和销售每件产品所需的时间、工作和技能。这样会计人员就可以改善产品定价结构，使之建立在从车间到市场所发生的实际成本的基础上。通过这种成本分析方法，他们还能识别那些不经济的作业，重新设计核心流程，终止那些无法增值的职能。

这就是广为流传的作业成本法（activity-based costing，ABC）的理论基础，包括仔细观察那些影响公司间接费用的关键因素，并努力找出在最开始时驱动成本的内部和外部动因。其实，该方法背后的理论极其简单：就是让现实中公司的所有作业都要服务于制造、销售和最终的物流与服务。要采用生命周期的会计方法，就需要所有与产品从开发到投入市场相关的成本都应该：

- 被认定为产品成本；
- 被区分并追溯到单个产品或者产品组合。

作业成本法（ABC）试图去揭示产生成本的原因，或者说“作业动因”，即确定特定作业需要耗用的间接资源。例如，企业可能发现，相对于将售后服务成本以相同的比例在所有客户之间不加区别地分摊，某些需要更多服务的特定用户群体更可能是成本的动因。作业成本法发现，那些需要更多服务的客户通常只占总体客户的10%，但他们才是产生成本的关键动因。理论上讲，由于为他们服务需要付出更多的精力，所以他们应该为此承担更高的成本份额。更了解成本动因和作业成本的高层管理者可以制定出间接费用的分摊比例，然后通过市场、分销渠道等最终分配到具体的产品上。这种分配方式的基础与这些服务对间接资源的需求直接相关。

作业动因

由于市场职能的成本往往比较模糊而且是以一种综合的形式被管理，所以要实施作业成本法最好从市场职能首先开始。几乎所有的市场主管都认为，针对某个特定区域的宣传活动所导致的短期销售量的变动，会对间接费用产生影响。

可是，销售费用的变化并不是销售量波动所影响的唯一因素。销量的波动与营销策略的变化还影响着一些与销量无关的因素，这些因素也会导致销售费用的变化。我们以对应收账款作业的需求为例，它们可能与执行这些作业的数量、执行地点、客户类型，当然还有交易的规模有关。

作业成本法首先要识别每项作业背后的动因，找出完全相关的成本。成本动因很好地解释了为什么一项作业的成本会随着时间而改变。有一个食品集团，想要更好地了解应收账款和开发票作业，将销售费用追溯到消耗这些资源的作业，然后把费用分配至具体的客户群体。它首先调查是什么因素导致对这些职能的需求并驱动作业。使用作业成本法分析就会发现，相比于以分散的小客户为基础的销售区域，那些有少数大客户的销售区域会产生非常少的应收账款。结果就是公司会修改其成本分配方法，放弃"销售收入与应收账款比"这一基础，这种方法通常是按照销售收入的固定百分比来计算，与产生管理工作的作业无关。与应收账款相关的成本现在被重新计算，用来衡量哪些销售区域发生了最多的管理工作和成本。

作业成本法

作业成本法使高层管理者通过以下五个关键问题，深入地探究组织的成本结构：

1. 在完成客户订单、发展新业务或者与供应商接触时，员工实际上将多少时间用在了填表格、输入数据、维护供应商的档案、检查和寄发客户订单或者处理售后服务的询问上？有哪些跨职能部门和其他业务单元同时存在？

2. 这些数量可观的闲散时间、流程或者程序是否由一个部门传递给另一个部门？这些额外的工时或者重复的工作是不是由于报告系统的复杂性或者其他组织管理规范所造成的？

3. 哪些事项或者决策引发了这些作业？或者说，成本动因是什么？

4. 这些工作或者作业能够带来什么样的价值？消费者如何通过感知它们来获得满意感？

5. 能否通过修改财务报告系统，充分利用成本结构的分散特性，使得每个责任中心能够找到完成任务所需资源的最优水平？

作业成本法是一种成本节约工具

应用作业成本法可以帮助识别出哪些工作不是必需的，哪些报告系统是冗余的，哪些交易流程是重复的，以及哪些空间未被充分利用，这些都无助于提高质量、提升使用效果、改善外观或者识别顾客特征。这些可以揭示那些被分散在隶属于同一部门的不同职能之间的重复工作。在一个职能部门内，工作方式的改变可能会在很大程度上节省其他职能部门的时间和成本。在销售领域，在使用作业成本法来搜索那些无法增值的作业和损耗时，你会发现将这种创举用在寻找资源重新配置可能带来的机遇时，也会有丰硕的成果。一家美国的自助零售连锁企业发现，销售人员将55%的时间用在与任何销售活动都无关的事情上，这就推动了企业通过重新设计配送系统和更广泛地采用供应商自身的质量检测程序来减少并没有用在客户身上的服务时间，这样会减少占销售额3%的成本。进一步地，作业成本法可以通过建立成本计算系统，提供关于资源消耗的更准确的信息，推动流程的内部化。

小批量产品谬论

作业成本法特别适合于在如下企业追溯成本：

- 同时生产大批量和小批量产品；
- 在多个市场销售，每个市场的成本结构不能直接比较；
- 针对不同的细分市场提供量身定制的产品。

最著名的成本谬论是认为小批量的产品具有较高的盈利性。在传统的会计系统下，间接费用的分配是和产出量相关的，优质的产品对价格是不敏感的，为了补偿成本，通常会提高产品标价。

可是，在作业成本法下，小批量产品被认为应该承担更高的间接费用，而且可能不会总在最终的销售价格中得到完全补偿。这是因为下订单、储存、检验部件和装配机器的成本通常占到间接制造费用的很大份额。对于小批量产品来说，它们的零部件通常无法在工厂的其他产品线使用，强迫那些产品线承担不相称的高成本。几乎没有高层管理者会在传统的成本计算系统下发现这一现象。在这里需要强调的一点是，间接成本可以更加准确地与特定的工作、产品或者流程相匹配。某一生产流程的构建时间可能与另一生产流程差别很大，专门用于特定流程的高价值的材料的折旧摊销可以被直接分配给那些流程，而不会计入间接费用的总数里。

实施作业成本法系统

要开始实施作业成本法系统，先要对组织进行横向的扫描，识别出那些在提供产品或服务时所需的复杂的资源、作业和工作链（见图 5—1）。在这一步中，所有的职能领域都应该覆盖到，包括采购、生产、检验和管理。作业消耗成本，产品和服务消耗作业。在这一前提下开展工作，高层管理着会惊奇地发现，之前笼统地包含在总间接费用中的成本实际上是包含在生产单个产品或者单个服务中的。

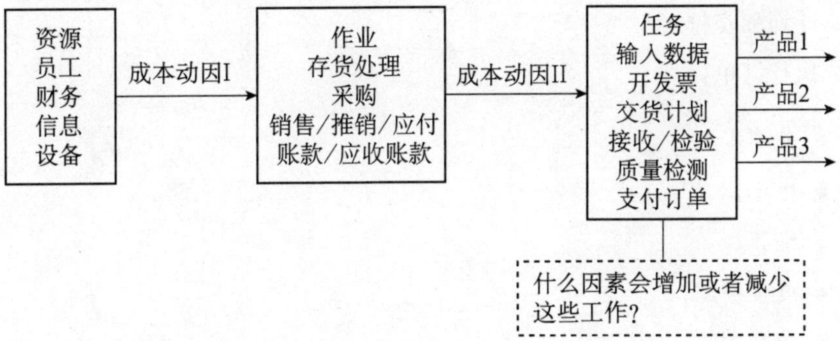

图 5—1　重新评价作业成本法中的作业

生产环境下的作业成本法

在生产环境下实施作业成本法的第一步，需要在一个合理的程度上分析大量的作业。制造企业可以首先列明和分析一些基本的工作，例如：

- 发布采购订单和后续工作；
- 检查交货流程；
- 将零部件的交货流程转移到存货储存区域；
- 将零部件移至生产车间；
- 装入零部件。

接下来，作业成本法的分析员必须访查每一个在组织中对这些工作负责的业务单元，并对实际发生的事件提出问题：

- 每个业务单元的员工是如何使用时间的？比如：填写表格、输入数据、拨打电话、与其他单元的互动等。
- 什么样的事项或者原因（成本动因）启动了这些作业？
- 什么是该中心工作的有形成果？它该如何计量？

一种途径就是关注组织中所有的客户订单周期（customer order cycle，COC）。这样可以穿越部门壁垒，追踪一件产品从销售计划阶段到售后服务阶段的运转。尽管客户订单周期在不同行业间差别很大，结构也会依产品或服务的设计而不同，但几乎所有的企业都会有一些相同的基本步骤：

1. 销售分析，生成对生产水平的预测。
2. 订单受理。
3. 成本计算和定价策略。
4. 处理和记录客户订单。
5. 计划和安排。
6. 执行订单：
   - 采购零部件；
   - 生产；
   - 组装；
   - 质量控制；
   - 储存；
   - 交付和安装。
7. 开具发票和应收账款工作。
8. 售后服务与维修。

客户订单周期中每一步都有以下特点：

- 是一项决策和/或者行动；
- 在运营单位中的员工参与；
- 组织中近乎所有支持部门都参与。

作业成本法：一种综合的方法

每一个责任中心（销售、市场、采购、制造、会计和物流）都是以一个相对孤立的视角来看待各自的角色，对照各自的业绩标准，以非常高效的方式开展工作。可是，当这项程序被制定成由错综复杂的事件构成的客户订单周期，并根据时间顺序预计订单最终交付时间，将会出现一系列共同和重复的责任。相互关系管理不善将会导致理解不清、延误和程序错位，最终的结果将会是高成本，而且基本不能合理地转移给客户。

作业成本法还有助于准确定位哪些延误是由于强加给组织的外在因素导致的，这样就可以促使企业更加认真地检查生产中断及其原因。对于高层管理者来说，生产延误对于每个产品最终成本结构的影响非常重要。生产过程中所损失的每一分钟，都可能导致成本在追溯至单个生产线时提高。通常情况下，我们认为生产中断发生的原因与界定它们在哪里发生同样重要。很多问题，连同与它们相关的高成本，都可以追溯至在供应商那里产生的问题。生产中断可能由以下原因导致：

- 错过交付时间；
- 必需零部件的供应不足；
- 交付不规格的部件；
- 托运或者单个部件的标注错误。

要想了解资金在生产流程以及相关领域（例如废料处理、现场维修和保修成本等方面）是如何使用的，使用作业成本法可以获得更精确和透彻的信息。在正常的制造链中，需要记住的是，员工和机器都在执行许多相互关联并且最终导向一种产品的工作，而且每一项工作的成本都与产品相关。必须要发现这些成本并且对它们进行分析。在这方面，损益表和资产负债表的作用并不大。

例如，对于那些需要员工付出的工作，其成本可以被定义为工资、福利、办公空间、电子信息系统的使用（还有其他为员工或者责任中心提供服务的职能单位），甚至在工作流程中使用的固定设备，其在获得材料时的初始投资、安装、维修、关闭等程序的费用都可以被定义为成本。通过将多种多样的作业成本追溯至一个特定的产品，高层管理者可以：

- 决定哪些产品成本应该包含在内，并且计算其利润贡献；
- 确定单个作业 / 工作 / 事项是否带来价值增加；
- 找出那些影响公司间接费用的作业 / 工作 / 事项，并且找出驱动成本的内部或外部动因；
- 根据一个产品在生产流程中每一个阶段真实的耗费重新分配这些作业 / 工作 / 事项的成本。

制造业企业中不断受到关注的领域包括储存和配送成本。在这方面，作业成本法的原理有助于查出哪些驱动因素导致了与该项功能相关的成本，例如：

- 记录物流货运的运转；
- 卸载并检查由中央或者区域配送中心的供应商提供的交货单；
- 留存供应商的交货单；
- 根据生产经理的指示挑选零部件；
- 检查订单并将货物移至工厂。

很明显，企业中不同生产线之间由这些单个工作产生的成本差别很大。与空间利用相关的问题会导致不同的成本结果。大批量产品可能需要更多的在库产品，以保证应对不可预见的客户订单，这就意味着要在营运资本和仓库空间使用上进行更大的投资。接下来面对的问题是这些成本能否在总的产品成本中得到反映，并最终计入价格中。

作业成本法和人工要素

使用作业成本法时建立的信息基础（包括企业生产产品或提供服务时的成本和付出）在基层管理中也有很大用处。监管者在获得这种信息后，他们的责任会得到扩展，并被赋予更多的意义。在德国，该方法的这一优势得到很好的体现，工厂领班在制定自身层面未来计划之前都会被清楚地告知他们的部门的生产成本和给定的生产计划，这样就会增强利润动机意识。与此不同的是，在一些国家，工厂领班会抱怨要不断地进行危机管理，催促供应商、由于生产中断而重新安排计划、由于高级员工的流动而对新员工进行培训，这些作业会导致更高的成本。作业成本法通过提供相关的成本信息，为加强员工监管和激励提供一个基础。

内部服务单元

采购职能

普通制造业企业的服务部门也是隐性成本的聚集地，使用传统的成本计算规则将其分配至产品是一种误导。例如，一家大型企业（特别是职能高度集中的企业）的采购部门中，关键的成本动因可能是它所接触的供应商数量，供应商数量的突然增加对成本结构的影响将会比订单数量的增加大得多。

管理层根据这些成本动因将间接成本分配给恰当的产品。如果一项作业成本法分析表明产品 X 与 15 家外部供应商保持着长期的关系，而产品 Y 只从两家供应商那里获得零部件，那么很显然采购部门的大部分成本是由产品 X 带来的。简言之，产品 X 需要更多的工时来进行交易谈判、竞价分析、发布订单和协调交货配送，最后还会有更多的文书工作。但是产品 X 是否真的承担了与采购职能相关的大部分成本呢?

首先，要区分两种订单类型：简单采购订单和复杂采购订单。后者可以界定为需要记录更多的技术细节，或者根据需要的零部件和原材料的数量来定义。在这种情况下，成本计算系统应当反映这种复杂作业增加的支出和繁重的记录工作。

认真对待营销成本

需要对包括营销职能在内的每一个驱动成本的支持作业进行类似的分析，从市场调研到将最终产品配送到消费者。这样就促使管理层更加详细地描述与每件商品、销售领域和细分市场相关的成本。最终结果应该是将间接费用在产品之间更加精确地分配，而不是简单地把全部成本区分为直接成本和固定成本，或者更糟的是模糊地按照销售额百分比来分配。

营销成本常受这项支出决策本身的随意性影响。常常被人诟病的一点是，年度成本分配会由于高层管理者的突发奇想而改变。同样，财务总监以一种审判的方式来处理这个问题，进行控制并利用拨款来为这些作业制定预算。很多企业都不会在个别产品的基础上来评估广告和售后服务等作业的成本。如果试图将生产产品 X 的费用与为不同市场和客户提供服务的费用割裂开，需要相当多的分析工作，花费在这上面的员工时间是无价值的。高层管理者没能从宏观上控制营销支出，这使得情况变得更加复杂。

差异化的市场策略：成本的噩梦

近年来，伴随着市场拓展，销售活动的地域多元性与细分市场的复杂性不断显现；伴随着产品多元化，营销策略也趋于差异化。这些都使得识别成本因素的工作变得相当复杂。每一种产品都可能有为适应特定国家或地区的市场而生产的调整版、子系列和具有不同的参数。很多客户可以获得根据他们的需求而享受特殊待遇的资格，比如差异化的包装和使用说明书，及时的小额配送，有策略地进行不同的广告宣传活动或者店内的促销支持。

欧洲的白色家电（微波炉、洗碗机、洗衣机）制造商目前正面临这些问题，它们发现在具有区域性差别且非同质化的统一市场里，形势不容乐观。这个市场相对成熟：欧洲的消费者会一直使用到设备散架。结果，生产商将自己陷在产品创新中，希望以此来缩短产品的替换周期，并且强调“温和”的营销策略，例如加强客户服务，这样会导致重复的工作和无法忽视的潜在成本。

的确，差异化营销（新的差异产品、新市场和多样化）会提高客户的满意度，但是这种策略的经济性需要被重新评估。一些企业竭力想要减少间接费用，通过增加产品线来摊薄成本。这样做虽然使得数据看上去很令人欣慰，但是却导致会计和间接费用分配系统变得非常糟糕。除此之外，美国和英国的很多研究都表明，服务已有客户的成本只有获得新客户成本的1/5。然而，很多企业仍然将很多的精力用在增加多样性和市场规模上，而不是维持它们已有的细分市场。

通过推出新品牌增加边际利润

在吸引客户和增加边际利润的努力中，很多欧洲的食品企业加速了它们的产品创新进程，它们推出了更多有特色的新品牌，并以大量的媒体广告作为支撑。即便是在这种投资刚性的领域，仍然存在一些限制，比如有多少客户愿意去尝试新产品。新产品推广会带来营销成本增加并伴随着其他影响；根据经验，每十个新产品中只有一个能成功；新产品的引入将导致已建立品牌的客户忠诚度下降，这些都使得企业开始谨慎地看待这种战略，并思考它的潜在成本。

任何因为追求这些目标而发生的营销策略的改变，都可能产生错误的成本信息，导致不切实际的盈利性估计。这样的改变例如：

- 在大型地理区域中去迎合交易量较小的小众市场；
- 为某一高度集中的细分市场（根据地理、人口、性别、语言等）特别量身定制的产品；
- 以本土化的广告宣传活动获得那些独特的国家的客户。

遗憾的是，传统的成本系统无法区分哪些产品是高销量或低销量，哪些市场需要在销售场所进行额外的或改进的广告宣传、促销和人力工作。

职能重叠

一家日本的主要消费电子集团在实施了大量的作业成本法工作后发现，营销人员只将20%的工作时间用在了与业务直接相关的工作上。在总部和集团内的所有企业中，很多职能都是重叠的。在详细地记录营销人员的时间和工作轨迹后，结果表明企业已经变得过于庞大而无法高效地运转。管理者的努力在过去20年的扩张战略中被浪费了：315家子公司（其中138家在海外）、24 000家附属商店和全世界超过2万名员工。在这样一种情况下，很容易忽视由于服务不同语言、不同文化和地域上分散的消费者而导致的成本。

可是，这样就引出了一个问题：随着企业不断地扩张产品线、客户基础、分销渠道和出口市场，营销作业中的很多单元或部分消耗了更多的资源，那么是否应该在营销部门中实施作业成本法呢？大部门的营销专家直观地认为不同的产品或者产品类别、不同的市场和不同的分销渠道会增加对营销部门和其他部门资源的需求。然而，如果无法足够详细地将数据分解或者追溯至单个因素，这对于决策制定者毫无战略价值。

作业成本法分析有助于更好地理解这些因素是如何产生收入和消耗资源的。最有趣和最深入的分析是通过客户、细分市场或者出口地域来检查企业的盈利性和成本结构。记录销售给一个特定客户的某个品牌的全部产品的相关成本，这肯定超越了简单的贡献毛益计算（销售收入减去销售成本），这样可以揭示出其他与所谓的“客户总体维持度”相关的隐藏成本。大部门的作业会浮出水面，例如出差拜访客户、售后服务、专用发票、包装和配送方式、回答例行的客户询问、邀请企业赞助的活动和维护客户信息文档。

出口作业

如果营销工作的中心是出口导向的，那么必须识别出与该作业相关的特定工作，量化消耗的资源，比如语言培训、寻找当地的分销商、销售场所的促销支持、参加当地的商品交易会、处理特殊的支付交易和目录的制作。所有这些活动需要：

- 用每项主要的工作或者动因来区分；
- 追溯至特定的客户、出口市场或者细分市场；
- 计算成本并按客户类别或其他基础分配。

跨国经营的公司很容易发现，过度关注账面记录或财务状况反而容易忽视自身的盈利能力。原本是极具创新性的项目计划，也可能因为间接费用的分配结果而无法实施，使一名优秀的出口业务经理的努力付之东流。我们以一家法国电子元件制造商为例，由于它在德国的附属公司无法获得 20%的市场份额，也无法实现盈利，所以它正在考虑退出德国市场。如果进一步分析这种情况就会发现，它的产品以高出同一市场主要商家 25%的价格在销售。这种价格差反映出与该法国公司高昂的内部转移价格相关的公司标准系数。然而它也突出了一个现实，就是德国附属公司承担了它并没有实际享用的总部支持服务的成本。总部管理层重新构建了成本计算政策，显示出产品中由德国附属公司承担的成本，并将支持服务的成本追溯至法国的运营部门。如果重新计算成本，那么损益表就会显示出完全不同的情况，使德国附属公司的业务继续进行。

作业成本法分析的结果使高层管理者很快意识到采用“总销售成本”（产品或者公司销售额的统一百分比）的概念而产生的失误，因为这种百分比很显然与市场、出口地区或者使用资源的客户无关。成本分配的方法应该建立在那些与最先产生成本的市场或者客户相关的作业、服务或者行动上。运作一家公司的真正成本不应仅局限在损益表上的数字，还要包括实际上花费在客户身上的时间。

供应大客户

一些企业发现作业成本法使它们对服务交易量大的客户有不同的看法，在以前，这些客户被认为是最盈利的。大型零售集团由于会大批量地采购，所以希望从供应商处获得更多的特权：更低廉的价格、一个月内不能销售的商品可以退回、更长的结算周期、频繁的小批量订单、大量的销售和技术支持、产品改良和有策略的店内促销支持。了解服务特定客户和分销渠道的成本，可以促使营销总监修改他们与这些零售集团进行交易的方式，并且在与他们谈论商业关系时可以有更加充分的准备。

在价格调整、最低订购量或者提高可接受订单的选择性方面还有待改善。此外，可以通过审核每个作业成本池中的组成部分，修改任何对满足客户需求无关紧要的作业。

检查客户群

在重新调整成本分配基础后，营销主管可能需要重新思考继续与一些不同类型的客户交易的战略利益。管理者至少应该决定：

- 降低“客户总体维持度”的水平；
- 减少参加海外商品交易会；
- 鼓励减少拜访客户的次数；
- 提高可接受订单的选择性；
- 检查交付的产品或者将要执行的销售职能。

考虑到寻找新客户的高成本，企业的首要任务是确保客户可以长期地保留。同样，企业还必须找出那些不值得继续保留的客户，因为他们带来的价值是短暂的，或者消耗很多员工用来维持业务的时间。一家世界最大的广告公司为了加紧财务控制，它新上任的 CEO 严重地警告客户经理不应该再“赔本赚吆喝”了。换句话说，他们必须扭转在现有客户或新客户身上无法盈利的状态。我们将“无法盈利”定义为“服务过度”，例如，广告宣传活动需要大量地、深入地研究选择哪种媒体，会出现人员调度的失衡、频繁的差旅和大量成本高昂的宣讲等。公司目前面临两种选择，要不就去和客户谈判费用，要不就只能面对客户关系的破裂。

建立定价策略

作业成本法应该成为成本分配的基础，定价策略应该建立在间接成本按照工时均匀分配的基础上，同时公平地将制造成本的一定百分比作为加成来吸收营销费用。

关键的问题是通过将成本分解至消耗资源的直接产品，获得相关的信息来解释组织活动的成本。作业成本法应该使管理者更加意识到他们的决策或者政策的潜在成本。作业成本法的结果应该引导经理：

- 在他们的职责范围内，将订单交付前的一系列活动中无法增值的作业精简、终止或者外包。
- 在需要内部支持服务时，不要简单地将其看做免费服务。
- 对于为所有产品部门所使用的公共服务，协商出一个使用者和提供者共同的资源使用上限预算，让使用者对这些资源的利用效率承担更多的责任。如果他们要为这些服务付费，那么产品部门将认真考虑过度使用的问题。

定价策略中应该体现出那些对组织有巨大需求的产品或者细分市场应该有更高价格的事实。如果不能调整成本分配以反映支持资源的真实使用水平，那么只能看做对那些相对来说使用较少资源的产品部门的一种惩罚。最终表现为支持作业消耗较少的产品部门为其他产品部门提供资助。

识别成本动因：节约成本的关键部分

如果没有足够的时间进行一次完整的作业成本法实践，至少应该去尝试识别成本动因。单是这项活动就能令管理者找到并削减对组织成本结构有重大影响的非重要的作业、活动、工作。

成本动因是一种作业，发生时就会产生成本。在大部分制造业企业中，生产一件产品需要很长的一条活动和作业链，包括多个职能部门之间重要的交流互动。例如，开发和推出一种新产品，需要在很多次的设计调整后，才能交付给客户并且获利。这种设计活动肯定会产生成本，并与它所针对的特定产品或者市场相联系。

由于条件有限，调查每一个可能的作业无助于寻找成本动因，而应该识别那些对众多作业/活动最有影响的成本动因，即便这些作业/活动发生在最小的职能或者运营单元。所有这些作业中可能只有 5 个或 6 个是最关键的，对组织成本系统有重要的影响。应该记住，成本动因并不必然出现在上面提到的生产过程，也可能出现在组织框架中的任何一个领域。

表 5—1 列示了成本动因的一些例子。

表 5—1 成本动因举例

生产	设计的改变或者工程进度的修改
	空间利用
	存货水平
	产品设计过程和缺少可替换的部件
	多种材料订单
	利用自动化
财务	根据发票和订单规模细分客户群
	国外市场不同的财政环境影响到增值税和企业所得税的计算
	收回应收账款的工作
营销	客户类型：能否增值?
	特定市场区域的客户数量
	每个细分市场、客户群等的促销资源（例如广告、目录、销售、佣金）
	在每个细分市场、销售区域等的行政管理工作
	必需的售后服务
	语言和文化因素要求进行不同的广告宣传活动
	为特制 / 定制产品开辟新市场时需要销售增长
	分销渠道的差异，比如超市和药店
	不同细分市场营销组合的改变

作业成本法的推广运用

流程图：精简专业活动

要想成功，作业成本法必须检查组织中所有的部分，识别出横向联系，将重点放在作业循环中的每一点以发现在时间、成本上的节省和质量的提高。执行职能服务的专业人员会发现这种方法有益于检查他们的工作方式。广为人知的“流程图”就是借鉴了作业成本法的技术，试图识别出实现某一特定商业成果的所有步骤。该方法不仅关注某一特定职能的运作，还考虑到其他职能会采用什么步骤，以及与其他专业团队的交流互动。通常一个专业团队带头制定出提供某项专业服务的步骤，然后提出改善的建议，重复、延迟、对大量分级授权的需要和返工就显现出来并被消除。

改善现金流

越来越多的大型集团要求下属企业在现金流方面独立自主，严谨地审视业务的所有方面，找出哪些领域的现金资源被忽略或者浪费。这样的一种审查对于确保企业在银行有足够的资金、获得利息收入和有能力偿还票据是很必要的。

因此，企业被鼓励从作业成本法中寻找灵感，评估销售、生产和财务循环中的每一个步骤，计算这些步骤是否可以减少、提前开始或者重组。最终的目标是通过检查不同的资产类别例如固定资产、投资、存货、应付账款、银行存款和库存现金等来释放资金。

负责这些领域的部门经理应该查明他们到底占用了多少现金以及这些分配的现金来源于哪里。例如，管理存货的经理不仅需要关注超额的存货，还应该关注储存空间的成本、保险支出和谁实际使用了这些资源。

作业成本法的缺陷

所有新兴的管理技术在繁荣时期运用得都很有效，但是当经济环境变糟时就被很快地抛弃。企业越来越关注短期的问题（比如销售和现金流），而不是可以提高生产力的长期计划。可是，持续地投入管理时间用于改善会计信息被证实是有益的。

在实施作业成本法时最常见的一个问题是人员访谈和收集数据时需要的时间和精力。这在作业链长而复杂且横跨多个部门边界的组织中尤为艰巨。这种政策上和职能上的壁垒如果处理不当将会产生棘手的问题。

作业成本法专家还警告不要过分拘泥于细节和成本核算，并指出所存在的危险。分析工作最多不要超出每个部门的八项核心作业。

在检查特定产品和细分市场对全部组织资源的需求时，高层管理者应该确保把重点放在监督重大的和高成本的业务流程，而不是具体的职能和部门。

尽管了解流程、作业和成本动因之间的关系很重要，例如产品与其消耗的资源之间的联系，但是结构不佳的会计信息系统仍不能为建立一个新的系统提供一个理想的基础。在多数情况下，作业成本法系统产生的信息可以提供最新的、更加易懂的成本数据库，与此相比之前的数据库就显得过时了，这可能会成为采用作业成本法的障碍。修改成本信息系统会对组织结构有重大的影响，管理层可能还没有为如此重大的改革做好准备。

如果高层管理者只是简单地认为作业成本法通过重新构建成本信息系统就可以实现组织改革，那么实施作业成本法将会成为一种风险投机。与会计软件不同，作业成本法不是一种多功能的、通用的工具。高级管理层的所有成员，包括营销、财务、生产、人力资源等，都要认真地考虑它的用途，然后修改这个系统以反映企业流程和结构的真实情况。

最后要强调的一点是，尽管很多作业成本法的应用尝试都被局限在工厂环境，但是该方法中涉及的分析方法同样适用于对组织中整个增值链条中其他职能部门的评估，例如设计、采购、物流、营销和销售。

要点

- 传统的以数量为基础的成本计算方法不能保证始终提供关于定价、产品选择和资源配置的正确信号。如果成本分配过度依赖于直接人工，那么将会出现失真。
- 成本系统应该反映整个组织情况，追踪记录生产和销售一个产品需要的时间和工作。所有与产品从开发到投入市场相关的成本都应该被视作生命周期成本，并被认定为产品全部成本的一部分。
- 那些驱动组织成本的内部或外部动因都应该被识别出来：监管的加强、经过特殊处理的部件、营销组合战略的改变等。
- 作业成本法根据作业来区分间接费用和支持性资源，并根据这些作业的动因来分配——不同于固定销售百分比的分配方法。
- 作业成本法有助于更好地理解执行一次作业或者工作所需的真实成本，使得：
  —明确地将营销和管理成本纳入到产品或客户成本的计算中，而不是算作期间成本。
  —使用更广泛的分配基础，不局限在销售额或销售额的某一百分比。
  —找出无法在使用效果、外观或其他客户特征上带来增值的非必需成本。
- 不同的产品、客户和分销渠道对于组织资源的需求截然不同。例如：
  —维持客户关系；
  —应收账款；
  —售后服务；
  —特制或客户定制的产品；
  —分销渠道的差异。
- 差异化营销、产品多样化和市场多元化战略增加了成本认定的难度。除非成本被追溯至每个因素，否则以上战略在经济上可能是不合理的。
- 保留一个当前客户的成本只有获得一个新客户成本的1/5，然而很多企业将大量的资源用在扩大市场规模和客户基础上，而不是维持它们已有的客户。

检查表

组织的成本系统是否反映了整个企业的状况，即工作、时间和生产销售单个产品需要的技能？ □

公司内部和供应商导致的延迟会产生生产损失，公司是否已经着手识别原因并解决问题？ □

寻找更合理和精简的内部流程是否意味着要审视整个“客户订单生命周期”和必要的调整？ □

组织成本系统是否与追求的差异化营销战略相适应？例如特定产品包装和使用说明书、小批量配送、有策略的差异化宣传活动、客户保持率水平等。 □

在实施作业成本法评价时，你会发现什么？

—每个责任中心的员工究竟如何使用他们的时间（例如填表／数据录入）？ □

—各业务单元之间跨职能的程度如何？ □

—什么事件／原因（成本动因）导致了这些作业？ □

—每个地区的客户类型和数量。 □

—营销组合的改变。 □

—每个细分市场或生产工厂的行政和支持作业。 □

—责任中心工作的有形成果是什么？它们的价值增量在哪里？ □

第6章

间接费用分析

衡量间接费用并评价其价值

公司总部和支持活动的开销往往是组织成本中最难琢磨的一部分。除了对其了解较少外，高层管理者对其进行的削减在范围上也经常受到限制，影响也往往是短暂的。

造成上述问题的原因是间接费用在企业年度会计报告中的呈现方式。固定管理成本不像变动成本那样易于分割，它们来自于大量的市场营销、行政管理事务和产品的支持性活动，而不是单件产品的生产或销售。在大型组织中，间接费用往往是非可控的：

- 成本是难以被分割的，因为它们是由多个复杂的、不相关的任务或作业组成的。尝试去单独评价这些任务或者将其追溯到一个特定的产品或客户是一项艰巨的任务。结果往往是片面的线性削减，它会影响到每一个人，但是解决不了根本问题。
- 产生这些间接费用的工作往往是一些非重复性的、经常涉及跨职能的专业技能组合。由于产出在数量和金额方面依然难以衡量，所以作业不得不接受主观的评价。

最终的结果就是，支出未能得到有效的控制，预算也受到拨款方式限制。这就使得间接费用无法通过预算进行控制，而是通过财务经理与间接费用负责人的协商进行控制，这显然不是成本控制的最佳方法。大多数公司发现，在决定哪一项资金使用具有最高优先权的过程中，很多公司并不足够客观理性。

在过去的 20 年中，越来越多的股东对总部支持服务进行质疑和攻击，这些服务通常是在总部进行整合。利润的下降和分红的减少增加了公司的压力，如果不能将这些服务作业彻底消除，也要采取一些更加严格的措施来进行削减。这些行为被以下趋势推动：

- 通过将这些服务外包给外部专业公司，管理者可以轻松地转出从保险到管理信息系统（MIS）、从会计到公共关系等非核心但耗时的作业。
- 股东们愈发清晰地意识到公司总部正在从事的服务非常消耗成本，这会稀释股权的价值和回报。
- 公司意识到需要通过重组来减少复杂性，将公司转变为统一的、简单的、更加具有活力的组织，将大部分的决策制定权移交给各个特定领域的管理者。

因此，目前许多企业特别推动了重新审查其总部运营的行动，以确定：

- 这些成本是否真的有必要，并且能够增加公司价值；
- 这些功能是否可以被委托给外部的组织来提供。

间接费用价值分析的发展

过去的十年里，出现了一个更具参与性的办法以解决这些关键问题，即通过集体鉴定、价值评估以及重组组织提供和使用的服务。这种方法由麦肯锡集团（McKinsey Group）在 20 世纪 70 年代率先提出，称为“间接费用价值分析”（overhead value analysis，OVA），通过追踪和量化向组织中其他部分提供的最终产品和服务来解决问题。

供应者和使用者的关系

公司内部的服务提供商几乎向多个使用者同时提供了有效的服务，这是一个无可辩驳的事实。提供这些服务的成本和技术诀窍虽然可以接受，但这些服务究竟带来了多少收益却很难衡量。

同样，很少有使用者质疑从组织的其他部分接受服务的效用和价值，他们无法掌握足够的成本数据来进行质疑。即使这些成本信息是可得到的，使用者也并没有负担服务成本。这是由“间接费用价值分析”（OVA）来解决问题的关键。

理论上讲，间接费用价值分析的方法基于这一假设：组织仍然在由间接服务的“提供者”和“使用者”构成的部门边界的限定内运转。但是每一方都缺少对事实的关注，也没有将注意力用在各种服务的成本价值分配上：

- 要求提供服务的部门或个人（使用者）不太清楚提供这些服务的成本，往往不能正确评价这些服务带给公司的最终价值。
- 提供服务的专业部门（供应者）对于使用者的需求以及相关的成本缺乏明确的认识，这样就会导致它们对于所提供服务的价值认识存在限制。

组织行为的影响

分析师在研究内部服务后发现，在管理内部服务的过程中近乎一半的困难来自于过度使用。以企业法律服务为例，人们经常抱怨自己负担了过量的文件审查任务。美国一家大型的银行集团发现，其法律部门的过度使用是源于“小心无大错”的保守文化基础，所有的部门都把最日常的文件拿去审查，这样做的结果就是导致成本问题的加剧。

高层管理者努力减少各级的文件制作，以期降低间接费用数额，但他们经常面临着一大问题，那就是大部分员工都不懂得每一页没有必要的文件都将造成巨大的成本浪费。员工不会主动送回不需要的文件，对于分发的纸质文件与参考材料，员工也会欣然接受，而不会将其视为一种浪费。

同时，服务供应部门继续在向组织的许多部门提供着高度专业的服务，而这些部门对于提供和使用这些服务的成本却缺乏充分的认识。与此同时，他们痴迷于技术性的工作，而忽视了服务对于组织的最终价值。

间接费用价值分析的应用

间接费用价值分析的概念呼吁彻底地摒弃传统的将高层管理者、使用者、提供者作为分离的单独实体所进行的多边磋商，取而代之的是一种包含所有部门的方法。这些部门包括供应部门（法律部门、管理信息系统、物流、采购、人力资源），使用部门（市场营销、财务、制造）以及高层管理者的代表。他们的任务是监督以下步骤的执行：

1. 确认产品和服务在组织各个部门之间的流转。
2. 在每一个作业结束之时评价其成本和收益。
3. 测试减少流转的方法是否有效，并且权衡其成本和收益。

4. 集体决定服务提供和使用的实际减少。

这种解决间接费用问题的方法是一种结构化的方法，它处于由服务主要提供和使用部门的代表所组成的 OVA 指导委员会的支持之下。相关代表有权检查各项服务活动、评价其价值并平衡成本和预计收益。高层管理者也要参与，以提供更广泛的战略视角。

这个过程的目的是希望能够为花费成本来提供服务的部门（供应者）和服务的受益者（使用者）提供一个开放的、坦诚交流知情意见的环境。这样管理者在提出修改建议时阻力会更小。这种讨论还可引发有关基本服务的根本反思，消除浪费大量精力的不必要的规则、程序、评价、报告和审批。例如，表 6—1 显示了减少支持活动和服务选择的可能替代方案。三方委员会提出的问题应该是千方百计地检查提供的产品和服务：

- 这些真的需要吗？
- 我们能减少对它的需求吗？
- 能带来更多的减少吗？
- 这可能会降低质量吗？
- 服务的频率是否过高？
- 和市场中的最优者相比，其成本如何？

表 6—1 支持活动的减少

可替代项 / 作业或服务提供	剔除	减少循环	降低质量	减少数量	降低频率	简化、巩固或更换
报告系统结构	●		●		●	
管理报表			●	●	●	
分析支持	●		●			●
专业建议		●	●	●		
批准结构	●	●				●

也许应该向服务提供者和使用者传达这样一个事实：即使最简单的产品和服务，也会招致沉重的成本。即使信息服务部门、人力资源部门和法律事务部门能够以合理的效率提供这些服务，我们依然要问：它们到底有多么有效？例如，当管理信息系统部门向其内部营销客户以最小的误差准时提供了销售分析，这就可以称为有效率。当市场营销部门遵守预算指示提交营销计划，符合了该企业的财务计划，这也可以称为有效率。然而，关键的问题是，为了“正确地做事”所耗费的精力以及对细节的关注，是否已经超越了“做正确的事”（即服务外部客户）

这件本应更重要的事情。

间接费用价值分析的方法

减少争论从而减少内部服务成本的唯一途径，就是消除引发这些服务产生的需求。OVA 需要一个系统的方法来实现这一推力，图 6—1 做出了概述，后面会有更加详细的描述。

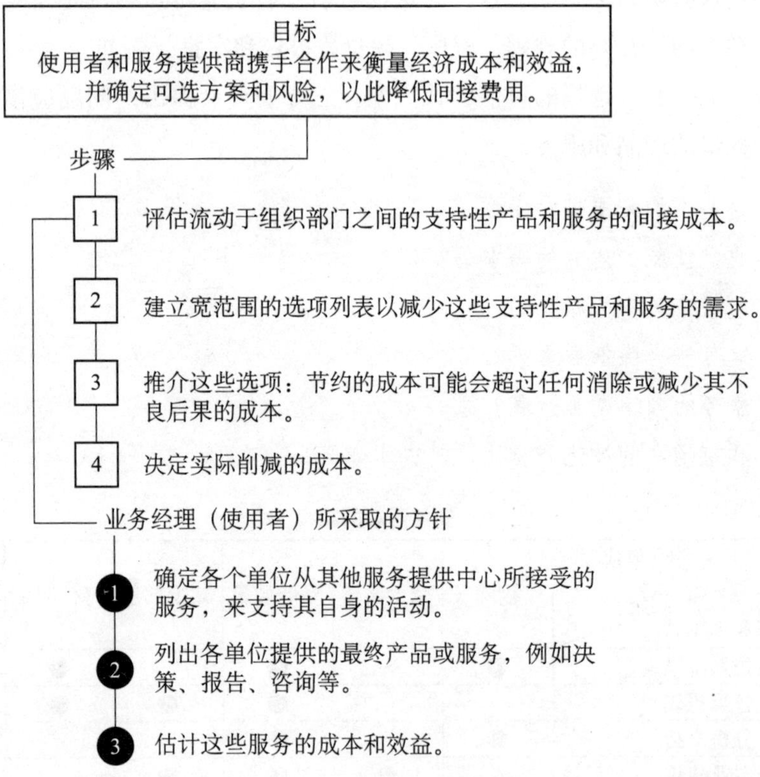

图 6—1　间接费用价值分析

第 1 步：绘制服务链模式

每个非生产成本中心单位与提供者部门的代表共同构成一个单独的 OVA 工作组。然后每个 OVA 组做出一个服务链分析，分别标出各个组成部分流入和流出的服务和成本，按顺序各组需要：

1. 找出本部门为支持自身的活动而从其他成本中心接受的服务，例如文件的法律审查、电子版销售单、文件复制、速递服务等。

2. 按照普通或特定标准，准备一份本部门提供的所有最终产品和服务的综合表单，并标明这些产品和服务的去向，例如报告、表格、咨询、复制、信息检索等。

3. 在现有会计数据的帮助下，估计提供这些服务的成本。

利用尽可能多的细节，将提供的实际服务追溯出一个清晰的图景，不论是普通职能还是特殊的作业，这样就得到了一份经常性的和非经常性的"内部客户"名单。

接下来就是最困难的部分了：尝试估算在为内部客户提供上述产品或服务时消耗了多少人工和经费，从而最终确定最终产品本身的成本，结果可能是出人意料的！OVA 的目标是将每一项服务性活动分解成一个事件的链条，并通过对每个阶段所需的人工工时、机器工时和准备工作的考量，来分析这一链条的每个部分。

这一部分工作本身就会带来两个重要的好处，成本中心的经理应善加利用：

1. 对实际提供给其他部门的服务和产品列表进行比较，可能会发现存在大额差异。这本身可能是导致服务水平下降的一个关键原因，因为部门实际上无法完成如此大的工作量。

2. 一定能更清楚地把握本部门提供服务的真实成本。

这是不应该忽视的信息。它提供了一个新的成本数据库，这将使管理者鼓励员工提供个别服务的成本意识增强，从而鼓励在未来更好地进行间接费用管理。高级管理人员也有机会将这些数字计入到服务单位正在进行的预算过程中，从而为具有挑战性的未来的预算方案奠定一个更透明的基础。

第 2 步：列出供参考的选项

在这一步，由服务的提供者和使用者以及高级管理人员的代表组成的指导委员会开始参与进来，其目的是为了分析每个最终产品或服务，并考察其实用性。例如：它是否增加价值，还是只是一项额外的成本？它带来的好处是否与使用者的需求不成比例？关于削减服务的频率、程度或质量的决定必须是三方共同的工作。与其问使用者是否将此项服务在工作中视为必需，不如一开始就调查如果没有这项服务会是什么结果。这样做避免了服务的供应部门由于所谓的绩效指标不佳而成为管理者责难的对象。

高管们对这项工作需要小心处理，因为使用者和提供者的部门经理都可能会感觉在老板面前不能完全表达意见了。此外，关注的对象很容易偏离，使服务的提供者成为讨论与关注的焦点。委员会主席必须确保讨论集中在最终产品和服务的成本和收益及两者间的关系上。经验表明，如果这些讨论能正常进行，委员会实现的节约有 2/3 来自于终止不必要的项目。

如果在讨论的早期阶段，委员会就成功地对某些明显重复的努力或不必要的工作达成一致，那会是件好事，因为这往往会为讨论工作建立可信度，并激发出更多想法。

在 OVA 实践中，可能会出现系统或活动运行失常的情况，主要有以下几种：

- 使用既不高效也不必要的制度或辅助手段来完成此工作；
- 纸上谈兵，例如使用表格控制或指导业务和员工；
- 使用多余的制度，例如本来设计用来应对一次性情况的制度，在原目标已达成后很长一段时间仍在使用。

价值评估也必须是 OVA 指导委员会进行讨论时的指导方针。生产产品和提供服务的部门，以及那些使用产品和接受服务的部门，需要共同负责对这些产品和服务的价值进行评价。他们必须回答的问题是在确定的创新和维护成本下，这些服务到底能带来多大的收益。

他们的另一项工作是，决定这些服务是否应该减少，或用成本效益更好的服务替代，或完全淘汰掉。

OVA 的实际应用中处处体现着简化现有服务，切实节省成本的技巧。一家领先的泛欧洲食品和饮料集团曾对报表在组织中的应用进行调研。在涵盖人力资源、市场营销、生产和其他支持服务等领域的34 000份文件中，5 000 多份最终被完全废弃，还有 1 万多份得到显著改善，即措辞得到简化以便更容易理解。节约出来的纸张足以装满好几辆两吨级卡车！此外，还有一个额外的成果是腾出了 1 000 多平方英尺的办公空间，以作他用。

第 3 步：权衡可选方案

指导委员会就精简的对象达成共识后，应该量化出这些结构性变化所带来的资源节省。这时委员会还需要考虑所有可能的负面效果。例如，某项服务可能和公司的长期战略方向不相容，但此项服务却是不可或缺的，那么提议裁减此项服务就是没有意义的。

当权衡资源节省与负面效果利弊孰轻孰重时，服务的提供部门与接受部门之间可能出现极大的分歧，这种情况下应该由高管们参与进来做决定。

第 4 步：实施方案

归根结底，是由服务提供部门实施委员会的提案。不论是减少服务的提供，还是停止提供服务，都是为了按照行动时间表实施方案。同时，服务使用部门也需要制定出新计划以应对公司其他部门提供服务的整体减少。

提供服务的成本同时反映在供应部门与使用部门的预算中，因此，各部门对于各项服务的成本意识得以增强。如果服务提供部门认为某项特定服务不再“有利可图”，它可能会建议从外部分包商购买。同样的，使用服务的部门，现在更清晰地知道服务的价格，有可能得出这项服务不再合理的结论，可以将它们的预算更加高效地用于急需之处。

方法总结

总之，OVA 方法提供了一个有吸引力的模式来管理组织内部的日常开支，存在诸多优势。OVA 至少有以下几方面的战略功能：

- 在寻找降低成本方案的过程中，OVA 涉及组织内部的所有职能部门，特别是那些直接参与提供和使用服务的部门，这就避免了“孤立主义”的传统间接费用作业分析方法。
- OVA 使得高层管理者在这项工作中各尽其职，并获得更开阔的公司视野。
- OVA 帮助公司计算提供服务的成本，并将其运用于预算之中，从而给服务提供部门施压来更好地管理日常开支。

人的方面

OVA 实践过程中的一个重要方面就是人力资源管理，这一点能够同时带来职工和工会的支持，比如，在这个过程中将有一批员工从原来的工作中解放出来。如果 OVA 的计划成功实施，并且减少了 20%以上的工作量（假设），必然导致一些人力需求量上的变化。除非高级管理人员找到处理富余人员的方法，例如通过自愿离职或调动，否则 OVA 计划将很难长久实施。

OVA 的成功应用产生大量削减服务的备选方案，同时也会对服务接受部门如何使用这些服务，使用是否增加价值提出疑问。不论在什么情况下，对于服务的削减将不可避免地揭示出某些项目、角色或职位的多余。

OVA 指导委员会的运作需要有一个人力资源工作委员会辅佐，旨在解决裁减员工冗余所引起的问题。此外，需要使工作人员坚信 OVA 实践的质的收益。例如，OVA 帮助公司省却不必要的服务及相关文书工作，使得高价值员工和管理层将注意力重新集中在真正有意义的事务上。同时，人员调动、再培训、空缺以及项目和岗位的结合，也需要尽早设想，做出计划。

间接费用价值分析的缺陷

提供部门不妥协

如果服务提供部门的管理者感觉他们对于公司而言只不过代表一种“成本”，他们将不会有动力和热情为企业努力满足顾客需求添砖加瓦。OVA的实践效果应该远远不止于为内部的某些部门提供更好的服务，而应该有助于企业业绩的整体提升。专注于消费者的期望，以及如何让服务能帮助这些使用部门满足这些期望，才是正确的做法。

高级管理人员的态度和行为在这件事情上有着巨大的影响。公司高层领导者，比如CEO或者总裁的言行将被下属关注和信任。如果CEO或总裁谈及客户服务的改善，这对员工而言将是意义重大的。大多数人一般会对公司本身关心的东西比较敏感。

程序矫枉过正

鉴于OVA参与者构成的广泛性，为了进行结构清晰的讨论，确保提案得到落实，一些程序性方法是必不可少的。高级管理人员也需要适当地平衡会议的数量。如果会议过多，分析过程和OVA项目花费的时间可能达不到预期效果。如果这项工作花费了太长时间来完成，整个计划可能会破产，甚至还会影响到正在进行的工作。

利用成本数据库失败

最常见的错误是，数据库中包含着宝贵的服务成本信息以及服务流转信息，但无法对这些信息进行调用。然而，这些信息却需要同时纳入提供部门和使用部门的预算结构中去，从而为标准化的讨论、业绩水平和资源实质性增长的需求等提供基础。考虑到现在的成本基础，三个月的时间内什么东西是相关的根本无法精确判断，因此，重做预算就更加紧迫。

过分强调内部使用者

OVA连同其他减少总部服务的规模和成本的手段，揭示了作业优化的重要性，也揭示了重心被误导是多么容易，因为成本信息透明度不足。

研究公司支持性服务时最根本的问题是它们与其使用者关系如何，在这种情况下，使用者是内部的且不存在竞争。公司的高管层需要正视这样一个问题，即如果过多地关注服务的内部使用者，那么可能会降低对于满足外部消费者需求这个关键问题的关注度，而他们才是真正埋单的人。

一些证据显示，支持性服务的专业人员将精力集中于为内部客户提供服务，不经意间就与外部市场发展趋势和对外部环境变化快速反应脱节了。现在看来，他们有可能根本不知道最终客户的名字，更不用说他们所需解决的问题了。

外部客户的不断变化

公司不再只关注于外部客户这一单一实体来确定努力的方向将会加剧前述问题。公司越来越倾向于根据细分市场和分销渠道来确定方向。增长的预期往往被认为依赖于不断寻求更广泛、更多样的客户群。此外，有了更多可供选择的供应源，客户对他们的商品提供者也有了更高的要求。

与此同时，人口和社会的变化，欧盟和各国政府日益增加的法规，以及其他外部因素，已经给高级管理人员带来了足够的挑战。任何花费在处理公司内部事务上的多余时间，都很可能分散对本来可用于处理外部风险与机遇的时间与精力。总之，企业不能犯将内部客户与埋单的外部客户等同起来的错误。

内部隔离

如果组织的大多数部门从来没有机会与最终购买产品的客户接触，也就不太可能为提高顾客满意度做出创造性的努力。当与真正的外部世界相隔离，内部服务部门就不再以如何能提高公司的销售能力和满足顾客的能力为标准来衡量部门绩效和员工表现了，为内部客户服务成为其存在的唯一理由，它们有限的视野也使得其行动、预算分配，以及请求增加员工的合理性都受到质疑。

虽然内部报告、统计分析和专业建议可能都很重要，但只有将这些工作和外部消费者联系起来才更有意义，比如，客户的问题是否正在得到解决？如果一个服务功能与最终客户的联系十分虚无缥缈，且对满足顾客需求无甚贡献，那么就需要考虑对它进行重新评估了。

拓宽服务单位的作用

高级管理人员有很多方法来解决这些问题，以创造更好的、成本效益更佳的中央服务部门。

推广目标导向的团队精神

高层管理人员应该认识到，与其让技能丰富的专业团队提供内部服务，不如令其直接面对外部客户，这才是更高产的经营方式。可以将对产品提供附加值的专业团队从支持服务中抽调出来，形成宽松的跨职能项目团队并与其他一线员工一起解决客户的问题。这样做还有利于减少在内部竞争、重复工作、部门膨胀和相互指责上所浪费的时间。

一家领先的美国IT公司于20世纪80年代重组了内部的各个部门，将它们改组为跨职能、多学科的团队，以开发一系列新的个人电脑产品。管理人员发现，从产品研发到投放市场的时间相比于传统流程和员工结构下的时间大大减少。大家拥有一个共同的目标，专注于顾客的需要，这大大促进了团队成员像合作伙伴一样工作，而不是简单的服务使用者和提供者的关系。

在另一家复印机制造商的例子里，一组专家从他们的经常性工作（如销售、财务和配送）中被借调出来，以解决特定的、对满足客户需求比较重要的问题（如运送调度等）。新团队的工作重点从盈利能力这样的抽象目标，转变为寻找解决具体问题方法的任务上，以进一步提高客户满意度。这一转变为团队提供了一个涉及所有人的目标，并且它也有助于打破小组成员之间的部门壁垒。他们设计的系统通过配送网络跟踪每台复印机及其相关的文件，最终减少了纸张的使用并加快了从工厂到客户的运送速度。

利用专业技能改善国际业务

支持性服务职能部门不应该被视为不必要的开销，或者沦为由“过气”的管理人员组成的部门。服务部门的管理者常常抱怨被排除在重要会议之外，并且几乎没有机会对企业的长期战略提出建议，而战略的结果往往直接影响到他们所在的部门，如人力资源、信息管理和财务部等。在一个充满机遇与挑战的日益全球化的市场中，这些部门经理在侦测和分析市场走向、跨越国界转移知识以及提供必要的战略专长和地区性视角等工作上可以起到重要的作用。

跨国公司内的企业职能专家在这一点上可以发挥作用：重新定位每个国家的支持性服务，在国与国的基础上确定已成为冗余的特定活动，并促进积累的知识转移。企业职能专家扮演这样的角色比基层管理人员做要好得多，基层人员往往不识庐山真面目，只缘身在此山中。

跨国公司的结构

跨国公司的组织结构包含着独立于公司的资源与专家网络，这促进了资源与专家的角色转变，也推动着这一转变过程。跨国结构下的企业文化是基于如下这些假设的：

- 总部视各地分支机构为相互依存的战略整体；
- 机构之间及员工之间的关系，通过独立的分支机构间产品、资源、专业知识和信息的共享来协调。

一家领先的家用洗涤剂制造商在其研发活动中采用了这种方法，因为该公司欧洲研发实验室发现其在欧洲的各个子公司相互隔离，它们不知道其他的子公司都在干些什么。于是该公司组建了一个新的欧洲技术团队，以打破隔膜，使得所有分支机构的专家可以共享彼此的研究结果。实现新思路和成功实践的交互效应，以及利用国际应用创新的新机遇，成为新团队的目标。

欧洲研发实验室并不是作为传统角色（即服务提供商），也不是作为成本中心，而是作为一个综合性和更集中地提供增值业务的部门。在传统成本计算方法下，研发成本由高级管理层进行严格控制，即便是最常规的开销都必须经过好几层管理人员的审核批准。在新架构下，这些决定权就被委托给销售和研发小组的领导人。

更加关注最终客户、更多的技能和知识的共享，以及泛欧洲的视角，这样研发小组就能够制定成本节约方案与研究所的创收方案了。

要点

- 许多成本都是难以分割的，因为它们是由多样的并且经常不相关的任务和作业组成的，经常会跨越多个责任中心。
- 如果公司总部对于所使用的服务的价值没有足够的洞察力，那么相关的服务活动的努力和专长就有可能被误导。
- 当向内部客户提供服务不收费时，提供部门就会几乎不承担责任，相应的，使用部门也几乎不能判断其享受组织所提供的服务的最终价值。如果想填补这些缺失的信息，组织就需要量化其服务的真实成本，并就其对组织的价值进行评估。
- 有关管理内部服务部门的困难，一半都来自于对服务的过量使用。
- OVA 法包括使用者和提供者共同确定流转于它们之间的最终产品和服务，确定其产生的成本，并共同决定所提供的服务的持续价值。
- OVA 法的实践不能仅简单地局限在保证向其他内部责任中心提供更好的服务上，服务提供者必须为公司的整体绩效做出贡献。
- 公司花费了太多的时间去处理由内部客户产生的问题，将整个公司的注意力从满足外部客户的需求上转移开来，而外部客户才是公司利益的真正来源。
- 集中服务功能的专业知识，可以更加高效地和其他职能单位一起解决市场中的客户问题。
- OVA 法应该有助于识别冗余且花费不菲的系统。这些冗余的系统通常是在过去建立起来的，用于应对一次性的状况，但是当问题解决后，它们却长久地继续存在于组织之中。

检查表

经理们是否有足够的成本信息，让他们对关于成本影响的决策做出明智的判断？	□
为组织其他部门提供的服务的数量与成本同这些服务提供者的意图和目标之间是否有不匹配的地方？	□
服务的使用者能否列举从其他职能部门获得的服务带来的收益或增值？	
使用者的需求和收益之间是否不匹配？	□
专家组成的职能单位提供的服务质量与最终用户的满意度之间的联系是什么？	□ □
内部使用者和提供者应该通过提出以下问题来探查服务的价值、数量和成本： —真的需要它吗？	□
—我们能否降低对它的要求？	□
—我们能否进行更多的削减？	□
—降低质量可能吗？	□
—服务的频率是否过高？	□
—与市场中的最佳企业相比成本如何？	□
是否所有内部产生的服务、建议、报告和其他作业都与为外部客户提供服务相联系？	□

第7章

成本责任与成本意识培养

财务控制：始终棘手的任务

高层管理者与股东总是希望进一步削减开支，而且希望每一笔开支都能带来收入。为了满足他们的要求，财务经理面临一个棘手却不讨好的任务：一方面，为了防止不必要的开支而进行限制，可能达到令人满意的效果；另一方面，限制的后果可能不尽如人意，因为部门经理对资金的决策权受到了限制，这可能会延误或妨碍关键作业的执行。还存在的问题是，通常情况下，财务经理无法判断公司是否真的需要这项开支，比如是否需要更多的广告或升级 IT 系统。

高层管理者是应该更多地进行限制，还是授予部门经理更多的自主权？在任何一个组织中，无论公司的预算管理文化如何，在两者中找到一个平衡点对于间接成本的控制有着极其重要的意义。

为了在分公司或子公司实现运营效率最大化，跨国公司绘制了一条很长的经验学习曲线，帮助分公司或子公司认识到，实现公司的国际化分别需要多大程度的限制与自主。自主是为了更好地利用管理者在市场中的竞争力与技能，从而更好地激励当地的员工，最大限度地降低不必要的行政与汇报工作。限制是为了保证分公司或子公司遵守公司政策，从而减少错误的判断，最大限度地利用总部的技术与资产。

近来，很多跨国组织采用分权式的管理方式控制境外分公司或子公司的战略与财务。这一趋势伴随着一个问题，分权制赋予分公司或子公司经理更大的决策权，他们可以决定间接成本的金额与去向，这对公司有很大影响。地区经理需要了解总部在研发方面做了哪些事情，以及在世界各地计划如何扩张。了解了这些，地区经理就会理解分配到各个地区（如南美地区或澳洲地区）的间接成本限额，否则，这将是一个敏感的问题。

无论如何，在很多组织中，财务控制都是一个过时的东西，仅存在于可以预测商业文化的过去。如果通过限制和约束进行财务控制，那么控制必定无效，因为财务数据是没有说服力的且过于精细。即使财务数据符合财务报告准则，高层管理者也不会完全相信这些数据，因为他们不了解准则的规定。在财务控制体系下，如果赋予地区经理自主权，鼓励他们更好地决策，那么结果也可能不尽如人意，因为真实成本是不透明的，成本系统计算出来的结果可能是错误的。正如第5章指出的，除非总部和其他支持成本可以追溯到各个分公司或子公司，否则不应该将支出分配下去，这也毫无用处。

公司分析师发现，高度集权的财务控制与分权化的经营管理结构存在明显的不匹配。这种不匹配与它们之间的报告关系，不利于组织实现更好的成本控制。原因不值一提，但是在很多跨国公司中，还存在着特有的原因：集权式的财务控制使得分公司或子公司经理很难应对当地市场不断变化的需求。还有一点可能并不明显：集权式的财务控制很难让地区经理思考成本从哪里来、为何会发生，从而丢掉了很多降低成本的机会。

这使得我们不得不思考一个问题：组织是否存在合适的成本控制系统？很多行为科学家表示，任何控制系统的核心目标都是激励组织各级管理者切实采取行动，帮助组织更有效率、有效果地实现目标。在内部服务的情形中，控制就更难实现了，因为在强有力的“保护伞”下，公司无法清晰评估花费的成本与创造的价值。

误导性目标

目标不一致

必须先认识到这样一个事实：员工不会每次都按照组织目标采取行动。通常情况下，他们都在追求实现自身利益。部门也会对员工进行一系列非正式的控制，这种控制甚至会凌驾于组织控制之上。例如，高层管理者会实施控制以降低成本、增加产出，但是，如果组织内部的某个部门有自己的控制手段，而这种控制不利于降低成本、增加产出，那么高层管理者进行的控制就不会达到应有的效果。

有种情况并不少见。举个例子，一个大型公司的研发部门经理开始质疑公司的正式成本系统。研发部门想开发自己的成本系统，这一系统将与公司开发的正式系统一起运行。最终，会计部门的数据显示，设计不佳的产品在为公司创造利润，设计优良的产品却是赔本的买卖。追溯产品的研发生产流程发现，这一结果是因为研发部门有自己的成本系统。研发部门劳务成本金额很大，却与公司的分配方法不同。

总有非正式的组织结构与公司正式的组织结构并存，这是司空见惯的。这种非正式的组织结构非常有活力，但缺乏资源支持。它由工作中的小团体发展形成。这些小团体确实可以完成一些工作，例如开发一项新产品，或者为组织设计一个更合理的归档系统。有些公司已经开始重视这样的网状组织，并分配给它们所需的资源，但是很多公司对其持怀疑态度，并果断地指出这种自由组织的存在是非常危险的。例如，如果存在这样的非正式组织，管理者如何避免员工在工作中追逐错误的目标，或丧失目标（这可能危及整个项目）？

组织目标与部门目标、团体目标的分歧告诉我们，管理控制系统需要一个核心目标。在设计好的管理控制系统中，当员工在基于部门目标、团体目标进行决策时，这一决策也应当与实现组织目标相一致。行为科学家称之为“目标一致性”，并高度推崇用这样的方式构建组织目标，以保证组织目标与参与者目标一致。

这也许并不可行。首先，组织目标与个体目标的完美一致性是不可能存在的。就成本控制来说，一个最基本的要求是，组织控制不应该促使员工或职能部门做与公司利益相悖的事情。举例 1 与举例 2 进一步说明了这个问题。

- 举例 1

  A 公司设计的管理控制系统的核心内容是强调组织各个部门降低成本。尽管很多部门经理都实现了成本的降低，但是有的部门却出现了更大幅度的成本上涨，原因很简单，工作被推到这个部门了。

- 举例 2

  B 公司多年来通过裁员控制成本，却付出了沉重的代价：员工的工作质量大大降低。员工因为工作负担过重，开始偷工减料，未使用的部件与材料也造成了严重的浪费。

在上述两个例子中，组织的控制起到了适得其反的作用。即使效率大大提高，效果也不尽如人意，因为监督、浪费、返工与工作调度又发生了大额成本。高层管理者过分专注于更严格的成本控制，一次又一次地强调降低成本，反而使得员工的反应与组织利益相悖。至少，员工将会更加注重对自身利益的保护，决策时更注重眼前利益，导致形成风险规避型的组织环境。

使收入中心与成本中心像利润中心一样运行

如果想把不完美的收入中心、成本中心改造成成熟的利润中心（例如，如果让成本中心承担正常利润中心的责任），可能是一种误导性的成本控制。很多管理者都认为，把利润中心的责任分配下去，可以让各级经理有效率地完成作业，就仿佛他们是独立运营的实体一般。一种普遍的看法是，如果各级经理需要对他们的盈利或亏损负责，那么他们会努力提升业绩。

高层管理者发现，事实并不像他们想的那样。当成本中心变成利润中心后，原成本中心容易忽略单独开展的工作，而将其视为利润中心结构下的组成部分，这样一来，如果管理者想要合并、停止或削减某项工作，就不是那么容易了。

主要问题是，想要像利润中心一样运行，成本中心还需要进行销售，并且其成本来自生产产品或提供服务。举个例子，仅当一个工厂可以进行销售并对其销售负责时，工厂才可能变成利润中心。当把所有工厂都指定为利润中心后，高层管理者将很难把两个工厂进行合并。通常情况下，成本中心的工作是不涉及销售、市场或售后服务的，这样一来，管理者就可以精简或合并成本中心的工作，从而缩短提前期，提升服务质量，降低相关成本。

同样的道理，如果让收入中心有效利用资源、合理控制成本，也是不大容易实现的。在收入中心，产出是用货币度量的，但是投入（例如，费用或成本）并没有与产出挂钩。如果将费用与收入相匹配，收入中心就可以成为利润中心了，但是市场部很少为利润负责，实际销量、订单量只要完成预算目标即可。市场部也不会为营销作业中的“费用”负责，因为收入中心不需要支付产品成本。这样一来，在市场部这样典型的收入中心，部门经理不知道如何进行成本收入的权衡比较，而这是制定最佳营销决策所必需的。

想让组织更加关注运营中的费用与收入，就需要为每一个责任中心或业务单元开发一个利润中心式的结构。举个例子，市场部可以自成一体，转变为从组织内部其他部门“购买”产品，再向组织外的单位“出售”产品的部门，这样一来，市场部就非常了解销售收入中包括的成本是多少。市场部的业绩完全可以用利润来衡量，而不仅仅是销售额。部门经理也可以更好地判断何时可以增加开支，只要预期利润会增长。部门经理知道如何进行成本与收入的权衡比较，就可以更好地决策。新增一个销售点，或者建立一个电话客服中心解答咨询问题，能否带来收入的增加？一个利润中心式结构需要两个条件：

1. 责任中心可以获得信息，以便进行成本与收入的权衡比较。

2. 责任中心经理进行的权衡比较在多大程度上有效，需要有一个客观方法进行衡量。

为保证利润中心经理可以做出最佳决策，他们需要哪些信息呢？在三大类决策中，他们需要的信息是很多的：

1. 产品。责任中心应该出售什么样的产品或服务？

2. 来源。应该从哪里获得这种产品，即内部购买还是从外部订购？

3. 营销。应使用什么样的销售策略？如何利用媒体？在不同的市场如何定价？

有时候，责任中心、业务单元的经理对整个商业流程的控制力是有限的。在这种情况下，如果有些部门外的作业影响了部门的利润水平，应该在经理能够对这些作业施加影响后，再将其变为利润中心。举个例子，成为利润中心后，市场部需要支付产品成本，一些重要的内部服务，例如客户下单、包装、运输、法律咨询、员工培训、IT 服务，同样也需要市场部支付成本，市场部变成了一个半自治的实体，可以决定它需要什么产品与服务，并决定购买产品、接受服务的价格。

总部把成本/收入责任转交给经验不足的地区经理，却同时对其进行集权式控制，这可能对公司运营很不利，即使这种控制是无意的。一个在欧洲处于行业领先地位的酒店集团，在其 103 家英国公司中的 65 家发起了利润激励计划，结果是灾难性的。在这一计划下，酒店经理可以按照他们的想法经营酒店，总部在收取一定额度的租金后，经理可以保留剩余部分的利润。很快，各个酒店开始为同一业务彼此竞争；与此同时，它们还面临着来自其他集团旗下酒店的竞争。在激烈的竞争下，酒店只能选择降价。酒店经理面临着低房价和低入住率，却仍旧需要继续向总部缴纳租金。从表面上看，这一计划是奏效的，事实上，该酒店集团的收入在很长一段时间内也并没有受到影响，直到高层管理者接管了 6 家处于困境中的酒店，他们才知道真实的情况。这一利润激励计划的问题一直隐藏在酒店层面，当集团发现时已经太晚了。由于经理需要提前向集团支付租金，他们从未欠缴，但是付给供应商的钱、房屋维修费和其他费用，却是推迟交付或至今未付。

建立战略成本控制系统

如何充分调动各级经理，以对公司更好地进行控制，这是高层管理者需要认真考虑的问题。这需要解决三个关键问题：

1. 组织的成本系统（例如，成本分配机制）能否提供准确信息，能否满足管理目的?

2. 运营部门和职能部门的经理能否识别出分配到作业中的成本（他们应当能够影响这些作业)?

3. 管理者的决策决定了即将发生的成本，他们在决策时能否充分认识到这些成本?

成本分配的难题

如果组织想要培养员工的成本意识，让他们知道作业包含了哪些成本，那么成本分配就是一个无法回避的问题，但是成本分配仅用于预测各种行为对公司总成本的影响，而且数据信息无法被财务部以外的部门掌握。管理者想用这一信息培养成本意识、优化成本管理，但效果并不理想。在下述情况下，成本分配决策是最优的：

1. 成本是根据获得的收益、使用的服务、承担的责任，或者其他可识别的因素进行分配的。提供服务所产生的成本，应根据它如何被使用进行分配。

难点就在于很多情况下，成本是否发生与是否使用这项服务没有关系。就拿管理信息系统或文件复制服务来说，两者为企业服务的形式不一样，但都会产生固定成本与变动成本：(1) 变动成本根据短期是否使用进行分配；(2) 固定成本根据长期是否可以使用进行分配。后者是非常关键的。这些服务类似于备用设备，公司认为会用到它，但还没有开始使用。在这样的情况下，无论它们对于办公室或厂房的高效运转有多么重要的战略意义，只要还未使用，它们所产生的固定成本的分配就不可能准确、公平。

正如在第5章中所强调的，服务部门的预算不能单独存在，也不能与组织流程分离。服务工作或者“最终产品”是一系列作业与任务的组合，是横跨所有部门的。在正常的组织结构中，人力资源部、研发部、销售计划部、物流部门与其他服务部门会生产出各种各样的“最终产品”，但出于会计核算的需要，这些产品很少被认可，这些服务也被分割开了。

2. 成本对象（例如，一个部门、责任中心、产品、流程或合同）的存在，是成本发生的主要原因。

根据因果关系的原则进行成本分配是非常方便的，也是非常恰当的。然而，组织如何运行是一个非常复杂的问题，想要全面地了解是不太可能的。每一个原因都会带来很多结果，每一个结果也可能有很多原因。简而言之，生产、营销与管理是通过一个复杂的、彼此相关的网络联系在一起的。一项成本的发生可能是由另一项成本的发生引起的：一个行动会引发另一个行动，后者的成本很难说清是同时发生的还是相随发生的。

通常情况下，组织单元或职能的扩张会引发无法预知的间接成本。除非公司配有足够的个人电脑以及其他办公设备，否则部门是不会再招聘新员工的。根据法国 20 世纪 90 年代的数据显示，每招聘一个新经理，为其配备工作必需品的平均成本是 25 000 法郎。增设一个业务单元，需要有工作场地、IT 与通信设备、储藏室、复印间以及可能需要的行政支持人员。博安咨询公司（PA）调查，千禧年公司（Millennium）的租金、保险、暖气、水电费等费用，摊到每位员工身上是 5 000英镑。考虑到组织单元正常运行中产生的这些成本，组织不会成立与其他部门分离的业务单元，于是就形成了相互关联的工作网与相互影响的成本结构。

还有一个需要关注的问题是，当某个部门执行任务时，如何衡量效率或其生产方式。在公司运营中，人工成本可能受到以下因素的影响：

- 工具设备的供应与质量的变化；
- 准备工作的不同；
- 车间布局可能会影响运行效率；
- 维护程序的变化；
- 管理者的素质与接受的培训。

由于上述因素的影响，想要分别计算各部门的成本、工作时间，并划清各部门的空间关系是非常困难的。

可控性

要在传统成本会计之外探索一种新的成本分配方法，以实现分权化管理，就要不可避免地审视一个概念：可控性。在利润中心，这应该不是一个难题，因为利润中心经理负责控制运营的所有方面。难点在于找到一个有效又适当的方法进行成本分配。举个例子来说，如果各种责任之间没有清晰的界限，就不会有清晰的可控性，那么将营销成本分配到不同地区、不同产品就很困难了。

品牌广告很容易识别出成本分配的去向，但是旨在建立与保持公司形象的声誉广告呢？一个销售人员的工资很容易分配至某个销售区，但是如果这名销售人员推销一系列产品，在这些产品中分配他的工资就有问题了。我们没有记录销售人员推销每种产品所花费的时间——记录的时间成本是远高于收益的，在这种情况下，利润表中的成本明细就有它的缺陷了。

随意分摊成本的危险

公司有时会进行成本再分配，将其分摊至组织的各个部门。批评者指出，这种随意分摊成本的做法是很危险的。以一个美国食品集团为例，董事长坚持研发成本由各个部门分摊，而这些部门则以可控性为由拒绝这一提议。董事长的意图是很明显的，他希望部门经理关注市场驱动下的研发作业，并且在开展部门工作时考虑这部分成本。如果公司不是根据因果关系分配成本，或者这种关系根本不存在，那么公司所采用的就是一种专制的管理。常见的错误分配标准还包括根据销售额、毛利，或者产能分配法（因为这个单元有很大的预算额度）。这些标准都与实际成本的发生没有关系。

并不是所有的成本都是独立发生、可识别的，这使得问题更为复杂。很多公司都采用相同的间接成本分配方法，而间接成本占到产品成本的50%。间接成本几乎把直接人工和直接材料以外的所有成本都计算在内，包括工程费用、行政费用、保洁和修理维护费。在很多公司中，这部分成本被分配到厂房里的每一件产品上。这样一来，如果一个公司有很多产品，它就很难弄清楚发生在某种产品上的制造成本。

说到酌量性成本（discretionary cost），广告成本是一个典型的例子，它的传统分配方法是根据销量分配。然而，当管理层正在为销路不畅的产品或疲软的市场发愁时，这样一种分配方法是否有效就很难说了。市场部的经理将为自己的部门辩解，认为承担这样的成本是非常不合理的。如果每个产品市场是同样有效的，那么广告成本与产品销售额存在一致关系是合理的。如果经理需要为差劲的销售业绩与物流体系负责，又承担着与销售额成比例的广告成本，这就危险了，他可能采用预算策略摆脱窘境。例如，在预算中低估次年的销售额，以使其在次年分摊较小的广告成本。

可控性受到两个关键因素的显著影响：负责的管理领域与讨论的时间范围。财务经理必须清楚，组织中不存在抽象成本。不管成本性质如何，这项成本都必须与某件事相关，并在某个时点由某人负责。很多公司近来都在强调成本的可控性原则，即在一个时间范围内，成本在某种程度上都是可以控制的。例如，销售部门所使用的宣传材料，其成本可能无法被销售部门控制，然而，这种成本可由采购部门经理控制。

衡量利润中心经理业绩

可控性的概念在利润中心尤其重要。为了编制更好的利润预算，进行更优的成本控制，高层管理者必须选取一些项目，让利润中心经理对这些项目负责。哈佛商学院的迪尔登教授（Dearden）是控制领域的国际权威学者。他一直提倡的观点是，没有管理者能完全控制的项目，也不存在管理者无法影响的项目。对成本的控制与对成本的影响能力不存在差别。迪尔登教授修订了利润中心预算框架。在这一框架中，只存在经理能影响，进而进行控制的项目：

- 所有由利润中心直接产生的损益项目。
- 由公司总部或其他业务单元带来的费用中，由利润中心负担的部分。
- 公司要求利润中心承担的其他成本，例如由利润中心控制的营运资本（即应收账款、存货）的利息成本。

一旦要求利润中心经理负担这些费用，相信经理会权衡考虑资本成本与利润。在这种情况下，经理可以提高库存，以避免因库存过低错失商业契机；也可以制定更灵活的授信政策，以实现高销售额。实际上，也只有利润中心经理知道如何在利润与营运资本成本中权衡决策。这样一来，在扣减存货、应收账款的资本成本后，利润依旧可以实现增长，公司就可以整体受益了。

成本再分配的好处

从长远来看，不管多么缺乏因果关系，进行成本再分配可能对公司都是有益的。以总部成本为例，尽管其他部门对其毫无影响力，也要将其分配至总部服务的提供者与使用者的预算中去，这激发了整个公司对全部成本的成本意识，也使经理们意识到公司其他部门为自己带来的价值。这种方法带来的后果是，虽然经理无法直接控制这些成本，但他们可能会去影响那些可以控制成本的经理。

部门经理很少抱怨成本分配方法，却经常抱怨某个服务单元的成本过高。如果提供服务部门的经理不能高效率地经营自己的部门，没能有效地控制部门成本，那么这种低效率和高成本就会传递到使用服务的部门。针对这一问题，普遍的观点是，经理应该为全部成本负责，他们应该认识到自己的决策会直接（或间接）影响他人的成本决策。更重要的是，他们可以对提供服务的部门施加压力，使其提高运营效率。

举一个极端的例子，将人力资源部门的成本再分配，分得成本的部门会觉得很不公平，因为他们不直接负责人力资源的工作，但是这样的分配方法也是合理的，因为这些部门一想到自己分得了这部分成本，就不会提出不必要的招聘、解雇要求。除此以外，组织的所有部门都会对人力资源部门经理施压，使其更好地管理自己的部门。

一家日本公司，全世界最大的磁带录像机制造厂商，也使用了这一方法。工厂的间接成本按照直接人工的比例进行分配。也就是说，如果一个部门发生了全公司 20%的直接人工成本，那么这个部门就要负担全公司 20%的间接成本。随着人工成本占总成本的比例越来越低，这一分配方式的不合理性也愈发明显，但是日本公司相信，即使不公平，对劳动力高度依赖的作业也必须承担这一成本，这样才能激励经理更快地推行自动化。在这家公司，会计数据被用来指引、影响管理者与员工的行为。

通过成本再分配，可以从以下方面影响经理的行为：

- 更少地提出不必要的支出要求，例如增加员工、维护设备，因为这些成本是从他们自己部门的预算中扣除的；
- 影响其他部门（如提供服务的部门），使其更好地控制自己部门的职能；
- 寻求完成作业的低成本方式，例如，非核心作业的外包。

行为后果

这种成本再分配也可能有负面的行为后果。法律事务部与审计部这两个职能部门是两个绝好的例子，这两个部门的成本是其他部门经理无法控制或影响的，但需要负担相关成本。成本回收法（cost recovery method）及其使用可能会妨碍这些有意义的职能发挥作用。一个折中方法是每年规定一个固定的费用，无论这些部门实际发生了多少成本。如果每年发生的成本没有太大变动，这种方法还是可以接受的。重点是这种成本分配始终提醒着管理者，成本始终存在，只有专注于商业流程才可能实现盈利。在这种方法下，所有成本都有责任方，成本不会再因为没有人对其负责而被混在一起。

在把服务成本分配到其他部门时，有一些原则是管理者必须遵守的：

- 在对服务职能部门的成本进行分离、管理、控制时，应该与经营服务的成本保持一致，也就是说，要分固定成本与变动成本进行处理。
- 对变动成本和固定成本分别进行分配。

差旅与相关成本

控制开支

差旅费用是一项很难控制的成本，人、技术、支持职能的衔接也使其异常复杂，因此，这里需要特别提一下如何控制公司的差旅费用。在欧洲和美国，很多公司有大量的境外业务，这项成本是公司的第三大成本，仅次于薪酬与数据处理成本，但公司却投入最少的精力管理此项成本。美国运通公司的数据显示，差旅费用占公司全部运营成本的7%，在欧洲国家则接近8%。之所以会如此高，部分原因在于组织的差旅、招待流程中存在一些隐性成本，例如：

- 管理预付款（即有多少钱是尚未花费的）；
- 计划差旅时耗费的大量时间，例如，考虑差旅路线、购票、旅店预订等方面；
- 开支计划需要各层管理者审批；
- 与差旅中介、酒店、航空公司、租车公司的通信成本；
- 费用结算与超额支出所需的行政工作。

计算机已经简化了文件传递流程，但并没有从根本上为组织各部门提供具有成本效益的差旅服务。差旅费用的发生分散于公司的各个部门，这使得与其有关的信息非常分散，差旅费用的控制也因此复杂起来。

差旅费用是公司可以进行集权式控制的一个领域。这使得公司可以全面分析自身的差旅需求，从选择目的地与酒店到更好的现金管理，都可以更好地进行决策。大型公司有很多部门，跨越很多地区，在与旅行社、航空公司交易时，这样的组织结构使各部门、各地区间很难共享信息。对于这类公司，集权式的控制就非常有效。由集权式职能部门了解差旅信息、制定政策指引，可以提高管理者在差旅作业中的利润意识，因为他们掌握了相关信息。通过更好地评估公司的差旅需求，公司每年可以实现高达40%的成本节约。

设计政策控制差旅费用

高层管理者首先需要做的事情是对组织的差旅活动进行审计。审计需要覆盖组织差旅管理的全部流程，从安排差旅时间到控制开支。这就绘制了一张差旅全景图，使组织更清晰地看到可能存在浪费与滥用的领域，并使组织发现更合理的流程，以及可以节约成本的地方。例如：

- 管理者最经常出差的地方是哪里？
- 他们如何订票，如何结算酒店账单？
- 他们坐什么舱位，住几星级的酒店？
- 已有的控制有哪些？

通过评估，一个公司层面的差旅政策得以制定。这一政策不仅仅是规定应该坐什么等级的舱位或住几星级的酒店，还要把整个差旅管理流程中谁负责什么规定出来。规定的流程范围必须包括路线规划、差旅批准标准、提供经费、退款与开支核对方法。

很多公司的差旅政策控制失败了，因为：(1) 没有给内部部门提供政策文件，大家不清楚差旅规定；（2）差旅管理的外部服务机构（例如旅行社、航空公司），不清楚公司的限制性规定，也不会为公司寻找或推荐更具成本效益的差旅安排。后者是很关键的，重点不一定是节约资金，而是得到更具价值、更有效率的服务。

旅行社的作用

旅行社扮演着非常重要的角色。很多公司都采用传统的方式，即由旅行社购买机票、预订酒店，而旅行社从航空公司、酒店的佣金中获得收入。由于航空公司将付给旅行社的佣金大幅降低，大概仅有3%，这使得旅行社没有动力为客户讨价还价，帮助客户节约成本。即使这种佣金的降低是协商达成的，或者航空公司在达到一定业务量时给予一定折扣，旅行社也不一定有足够的动力。对于员工经常需要出差的公司来说，一个可行的选择是向旅行社支付管理费：客户付给旅行社一笔固定的费用，同时根据为客户额外节约的成本向其支付奖金。这样一来，旅行社就有动力找出最低成本的机票和住宿。

推行差旅政策指引

当然，如果差旅政策指引没有付诸实践，旨在实现差旅成本效益最大化的控制是很难奏效的。法国有一家餐饮公司，与各国公司都签有合作合同。这家公司发现，尽管公司与某一连锁酒店签订了限价合约，但只有34%的经理利用了这一限价。同样，由财务部匆忙设计的控制，本想控制差旅开支，却抑制了经理某些必要的出差。

持续保持低开支

还要寻找保持低开支的长远方案，而不仅仅是实施控制，因为控制可能会有反作用。从广义上讲，设计的政策可以包括如下方面：

- 通过在公司推行付款卡，减少现金预付与书面工作，或者可以鼓励经理用他们自己的卡先垫付住宿与餐饮费，这样一来，只要账单按时提交，就可以在账单到期前结清费用。
- 与连锁酒店协商达成协议。公司可以通过保证全年最低的房间入住量，取得酒店的价格优惠。同样的，公司也可与租车公司签订协议，以保证随时可以租到车。公司可能会在严格监督差旅成本的同时发现监督成本是一笔更大的开支。这里有一个十分重要的前提，公司要对差旅计划进行集权式管理，使公司可以获得足够的信息，更了解开支模式，从而更有话语权。
- 酒店住宿方面，由全面服务型住宿转变为有限服务型住宿。
- 鼓励经理提前安排差旅计划。例如，提前至少一个月的时间，可以使公司以一个便宜的价格购买不可退的机票，或闲时机票。

- 比起在国内出差，控制更应该集中于境外出差。后者花费更加不菲，航班价格也不是一个等级的。
- 确定最常去哪个地方出差，最常乘坐哪个航空公司的航班，以便获得折扣。研究表明，对于大多数公司来说，80%以上的出差，其目的地不多于 20 个。同样，对于出差频率相近的目的地，公司应该有相近的预订流程。
- 将差旅管理中的其他隐性成本最小化。举个例子来说，对于基层员工完成的耗时工作，比如预订宾馆、机票及处理签证等，可按如下方式处理：(1) 将这些事务整体外包，由一家旅行社承担。(2) 将旅行社“植入”组织内部，负责公司差旅事宜。这需要旅行社与公司签订劳务分包合同。

如果想要节约差旅成本，制定书面的差旅政策进行规范指引是十分必要的，但这只是第一步。管理者在考虑这些措施时，还需要兼顾分权式预算体制这一背景。在很多公司，高层管理者已经不考虑这些问题，而是直接把问题丢给部门经理，由他们决定如何推行这些政策规定。如果每一个部门都对自己的利润负责，那么差旅决策的标准也会不同。这样一来，高层管理者通常会觉得他们已经对利润表项目失去了了解与控制。

在一家美国食品公司，对利润负责这一问题引发了一场对差旅开支的重新评估。这家公司的差旅预算已经超过了每年 100 万美元。公司评估发现，它的一个配送中心每年都需要总部员工去监督其运营，而这笔差旅费用相对于配送中心的利润无疑是巨大的。仅配送中心一家，每年会带来 10 万美元的差旅开支。如果关掉这家配送中心，就可以大额降低差旅预算，继续经营这家配送中心是没有价值的。

还可以想办法减少与出差相关的作业，例如，在公司有培训中心的城市就可以随时开会。与此同时，为了减少管理控制，公司也可以采取例外控制原则，依靠外部旅行社提供定期报告获得差旅信息。这种报告体系的一大特点就是，能很及时地提醒管理者关注可能存在的浪费问题，从而方便总部进行调查。

重建组织差旅作业会花费很多时间，但也会带来巨额的成本节约。美国差旅管理公司现在经常对客户提出这样的建议：通过设计差旅政策，组织可以明确差旅流程，规定每日花费上限，限制旅行社数量，从而能很快实现 5%的成本节约。

成本回收法

组织内部成本分配的复杂性问题大多源于责任与可控性的不明晰。如果公司无法了解基层部门在决策制定过程中的潜在成本，就无法控制部门存在的浪费现象，也不会了解部门的成本管理是多么糟糕。通过将部门成本分配至各个成本中心，并让员工直接对其负责，管理者开始了解这些成本及其成因。管理一个部门或作业的成本，是由直接负责人控制的。事实上，资源浪费不会凭空产生，一定是在进行正常作业的过程中，管理者或员工做了无效率或不经济的决策，但是成本责任却由提出作业请求的人承担，例如，那些要求修理维护的人，或者认为缺少销售人员提出招聘需求的人等。高层管理者必须让真正影响成本的人承担成本责任，通过这种方式激发员工的成本意识。这可能会帮助员工认识到各作业间成本的相互影响，即使他们不能直接控制其中的某些作业，也会从成本角度做出理性决策。

如果部门在接受公司内部服务（例如，采购、管理信息系统、人力资源、培训、复印、差旅安排）时也需要“埋单”，那么成本回收法的好处就非常明显了。这一概念现在更多地被称为“成本回收”或“成本回溯”系统。在这一系统下：

- 使用服务的业务单元需要为支持服务埋单，并为实际发生的服务成本负责。于是，控制成本的重担转移到可以有效并显著控制成本的一方——服务的最终使用方。
- 服务提供单元需要满足使用单元的需求，并对服务效率负责。服务提供单元需要向使用单元收取一定费用，并尽量做到收支相抵（或者有小额的收支差额，通常为服务提供部门的行政成本，因为让使用者为该成本埋单并不合理）。这样一来，如果服务提供部门无法用收入弥补成本，成本控制的失败就显而易见了。
- 从整体的管理视角来看，一旦这些成本都可视化，高层管理者就很容易进行控制了。公司可以根据运营单元的历史数据衡量其未来开支，以此衡量绩效并实施控制。

无论从哪个方面考虑，成本回收法的用处与优势都是非常明显的。最明显的优势是“可视化成本”的出现：如果内部服务不具有竞争力，使用单元会抱怨服务并非物有所值，或者有时会寻求公司外部的服务。这种方法使得公司的服务可以用货币来衡量，帮助使用单元意识到服务的价值，也促使经理意识到他们提供服务的成本。

一家在伦敦银行业处于领先地位的城市银行，近来向其分支机构收取经营场所成本以及资产管理服务成本。暂且不谈可控性的问题，管理者认为如果资产、经营场所都是免费提供的，经理就不可能理性、经济地使用这些资产。

一个必要条件是，成本信息必须是准确的。这些信息通常来自于过去的经验，并用于未来的规划。然而，这也有缺陷，毕竟过去的经验不等同于历史数据。即使公司的运营状况非常稳定，像间接成本这样的数据也不可能维持两年不变。如果使用单元利用成本信息编制成本预算，那么信息必须尽可能精确，否则就是没有意义的。不准确的信息一定是误导性的，而且会在管理资源时带来错误并有害的决策。

很多人极力推崇成本回收法，强调这种方法促成了成本认知，实现了成本信息的重新利用。在他们看来，转移定价应该依靠合理估计，要尽可能简单。在达成合理回收价格的过程中，无论使用什么方法，这一价格都应该是前瞻性而非回顾性的。也就是说，价格制定应基于预期的成本与业务量，而不是已经发生的实际数额。回顾性定价会大大挫伤部门控制酌量性成本的积极性。

成本回收法的好处

成本回收法好处诸多，例如：

- 提供成本信息。

  正如之前所述，管理者对于是否使用服务的理性决策、对于服务成本收益关系的认识，以及对潜在成本意识的提升，都有赖于成本回收系统提供的信息。

- 资源的限额配给。

  在进行预算约束时，特定的职能服务成本必须减少，或者保持不变。在成本回收法下，职能服务部门可以根据所提供服务的水平，提高或降低要价。这样一来，不仅可以保证设备全年不闲置，而且可以保证部门的收入足以弥补其维护成本。

- 提高资源使用的效率与效果。

  如果没有服务的内部价格体系，使用者就不会质疑“最终产品”的用处或价值。当部门需要为服务埋单时，部门经理就不得不思考是否存在过度使用的问题，或者会考虑组织外部是否存在更具成本效益的资源。

- 服务提供单元更关注效率。

> 服务提供单元的经理也有很大的压力，他们需要确保业务有效率地运行、避免加班，并保证他们负责的机器、人力、时间都实现最优绩效，否则，这种无效性就需要其他部门埋单。运营部门会永远需要技术、人力和机器的最优使用，以避免高额的运行成本和工作中的故障。如何确保这一切是服务提供单元经理需要考虑的问题？如果没有意识到其间涉及的成本，所有旨在服务内部客户的努力，在长期看来都是无法持续的。

关注运营效率的服务提供单元，会确保成本已经被使用者提供的收入所弥补。只要价格是具有竞争力的，通过涨价使收入增长就是可行的。一旦价格不再具有竞争力，服务提供单元就会面临另一种压力，使用者可能从外部渠道获取服务。

对管理灵活性的要求

除非职能服务部门被赋予自由裁量权，否则无法完全承担成本回收法下的责任。由于效率与竞争力是服务部门的首要考虑，部门经理也会向员工施压，要求他们：

- 通过对设备的合理化改革或升级，提高服务或“最终产品”质量；
- 通过引进更合理的人员管理（例如选择性加班、灵活地工作、轮岗，或者招聘兼职的人力资源专员以免招聘过多员工）实现产出最大化；
- 提出创新方法满足内部客户需要，例如对于临时任务选择外包，从而将节约的财务资源用于其他工作。

成本回收法意味着分权式控制

也许对于很多组织而言，选择成本回收法主要是出于对分权式管理的需求。在集权控制下，决策制定权集中在总部，中层管理者很难有机会承担风险。如果总部一直独掌财权，责任分权化的努力是很难成功的。成本回收法与分权化的决策制定相联系，可以使基层更多地考虑一项服务是否物有所值。

成本回收法下的分权式控制引来了质疑，这种质疑甚至掩盖了它带来的成本节约。然而，考虑到分权式控制可以鼓励基层经理更好地管理资源，从而实现盈余、留存收益，质疑声就不存在了。一个英国的政府机关经常在支出问题上与地方机关发生争议，鉴于此，该政府机关决定赋予地方机关一定的权力，并向其拨款10 000英镑，由地方机关决定如何使用这笔资金。

在地方部门，可视化成本的最大好处就是帮助它们意识到自己产生的成本。然而，如果地方部门只是意识到这笔成本而并没有采取行动（例如，从组织外部获得服务），那么这种意识也不会有什么价值。

在欧洲的一家极负盛名的电信集团中，管理者鼓励运营部门将内部研发服务与外部的进行比较。如果内部客户对内部服务的质量不满意，他们可以去外部获取服务。这种文化之所以可行，是因为研发部门在进行研发工作时，可以直接向内部客户开具账单。两年后，参与公司运营流程的各方都有更明确的职责。

这一新系统会使作为客户的部门受益，因为这些部门会时刻记录发生的成本，以免在年末惊讶于它们全年的巨额支出。研发部门也对商业责任有了更加清晰的认识。现在，研发部门在面对各种各样的研发提议时，会选择最具经济效益、为企业带来最大收益的项目。现在让我们来设想一个场景，研发部门的受益就一目了然了：在年终的研发成本审议会议上，研发部门发现财务部将超支费用擅自分配给研发部门承担，研发部门经理会为此辩解，强调本部门是严格按照商业要求以成本效益为原则运营的，并要求由使用部门承担此部分成本。

对成本回收法的异议

运营系统的成本与复杂性

精确的成本回收法需要精确的会计数据。追溯组织部门的成本流向并将其量化是一项非常繁重的工作。部门经理负责了大量的控制工作与行政职能，如果再设立并运行一个内部价格系统，会使部门经理的工作内容更加复杂。也许重点关注并控制主要的成本中心，同时对发生的成本进行合理的估计，就已经足够了。如果部门工作不需要资源支持，或者部门的资源耗用量大小不会受到所要价格的显著影响，那么通过成本回收法进行控制可能就不再合理了。考虑到拥有众多客户和潜在客户，服务提供单元在定价时需要一定的市场细分。定价差别需要足够大，这样才能激励经理重新评价部门需求，这样一来，运营系统的成本就会更大，也会更加复杂。

使用者可能不理解复杂的内部价格系统

在成本回收法下，还可能存在一种误导性风险：在预算控制下的经理可能会更关心如何省钱，而不是制定更好的运营决策。使用单元应该将成本回收法视为制定更优决策的工具，并将压力转移给服务提供者，使其专注于自己的工作，实现更优效率。高层管理者必须确保价格机制是简单的，对使用单元的要价是可理解、可接受的。为确保这一点，有些因素是非常关键的，例如，定价基础，使用者能在多大程度上控制价格。

实证研究显示，采用简单的或者不切实际的定价体系，对实现成本回收法的目标毫无用处。例如，使用者无法在计算机与其他开支间权衡取舍，计算机的使用也不能代替其他资源的耗用，从这个意义上讲，计算机应是一项免费的资源。

使用者也许不能真正控制资源的耗用

很显然，在成本回收法下，对于绝大多数部门来说，如果不关心部门以外发生了什么，就很难处理部门内部的日常事务。在这一体系下，使用部门不仅要为服务埋单，还需要解释耗用资源的大幅变化。对于使用部门来说，提供部门与使用部门的低效率都不能忽视，特别是当服务由外部机构提供时，使用部门就更无法控制资源耗用了。

IT 可能导致资源的不充分利用

管理信息系统、法律咨询、设施维护、物流等部门服务的主要使用者可能更倾向于选择廉价的外部服务，这可能带来不好的后果。部门在进行内部服务还是外部服务的选择时，很可能会忽略公司维持多功能大型组织的需要。如何保证一段时期内资产设备的充分利用，管理层需要对此进行战略规划。

在内外部服务的选择上给予部门过多权力是个不明智的选择，至少不能将外部服务作为第一选择。对于有些服务来说，只有内部部门才能保证服务质量并对服务内容保密。除非外部服务公司能够灵活地满足使用者的各种需求，否则放弃内部服务将为组织带来很大的转变，而且这种转变很可能是不利的。

无论如何，选择外部服务的可能性促使内部服务部门约束自己，保持高效率运行。

传统"回溯式"成本系统的弊端

传统"回溯式"成本系统（"backward costing" system）下，当产品完成设计、测试、生产程序时，成本结构就搭建起来了。一些会计专家称这样的做法不利于组织的成本控制。一旦产品生产出来，除了分配成本，做什么都太晚了，因为产品总成本的90％都是承诺成本（committed cost）。

日本人提出了一种基于"展望式"成本系统（"forward costing" system）的方法，已经被一些企业采用。在这一方法下，工作是为了达到目标成本，这实际上决定了产品的售价，并有相应的销售额与其对应。一旦事先确定了产品的售价，资本投资也合理化了。显然，与成本回溯系统相比，这一核算系统的缺点是缺乏准确性。但是，日企管理层并不十分注意这一点，在他们看来，这一核算系统只需要对事前确定的成本略做调整，就可以确定产品成本，这有助于将产品成功推向市场。在这种情况下，会计师发现他们可以从市场视角考虑问题，而不仅仅是从后视镜里看发生了什么再试图控制成本——这时的成本数额已经是既成事实了。

这要求企业摆脱基于“数字游戏”的传统技能培训，而开始从市场的角度考虑问题（以及潜在成本）。众所周知，日本的很多龙头企业都在员工刚入职时执行严格的轮岗制度。例如，会计人员在从事财务工作之前的五年，需要先在各个非财务部门（例如市场部和生产部）工作。

要点

- 控制有两种形式：
  —限制，这可能是无效的，而且过于精细，也可能会影响地区经理的能动性。
  —自主权，这种控制经常由于成本信息不充分而失效。
- 应当识别非正式的组织权力团体与其成本结构。这些小团体可能更具创造力，它们的成本也可能更加透明、便于管理，但是它们的目标是否与整个组织的目标相一致呢？
- 部门经理与附属机构的经理在有些情况下并不清楚发生了哪些成本，成本是如何发生的。组织成本应该分解至地区责任中心级别。
- 即使部门与成本之间不存在因果关系，进行成本再分配也可能是有好处的，这使得各个部门都意识到组织的成本结构。
- 部门经理很少抱怨成本分配方法，却经常抱怨某个服务单元的总成本过高。如果服务提供部门的经理不能高效率地经营自己的部门，不能有效地控制部门成本，那么这种低效率和高成本就会传递到使用服务的部门。
- 如果总部独掌财权，责任分权化的努力是很难成功的。
- 如果想把不完美的收入中心、成本中心改造成成熟的利润中心（例如，如果让成本中心承担正常利润中心的责任），可能是一种误导性的成本控制。市场部很少为利润负责，它不需要考虑作业发生的成本费用，因为它不需要支付产品成本。
- 应鼓励经理为成本承担更多责任，虽然没有他们能够完全控制的成本，但是他们可以影响很多成本项目。
- 将成本中心转变为利润中心，可以帮助经理进行更好的成本/收入权衡，从而实现资源的最优利用。

检查表

如果存在资源过度使用的问题，完成作业的过程中存在更具成本效益的资源，高层管理者是否向责任中心提供了充分的成本信息，是否执行了要价程序，从而使地区经理思考价值增加值问题？ □

组织是否存在应该再分配至使用部门的间接成本，例如与资产、更新与维护、文件复制、法律有关的成本，从而通过再分配帮助员工意识到“可视化成本”、促成间接成本的经济使用？	□
为服务埋单是否给使用部门带来了压力，影响服务提供部门更好地控制部门职能，并最终控制成本？	□
成本信息是否充分透明，总部对间接成本的合理性解释能否为地区经理所了解，这是否会影响与间接成本相关的决策？	□
利润中心经理是否已经掌握了足够的信息，能够制定成本/收入的权衡决策？是否已经找到了一个客观方法，能够评价责任中心的权衡决策是否高效？投资回报率是否应该成为绩效的唯一评价指标？	□
公司的差旅及其成本能否进行集权式管理，从而推进相关交易的信息共享，并加大组织在与旅行社谈判时的话语权？	□
为了唤起员工对于整个组织及其成本的意识，总部将成本再分配至责任中心。在这一过程中，组织是否受益？	□

第8章

信息技术的成本和价值

在飞速发展的 IT 环境下确保机遇

IT 在公司经营的各个方面几乎无处不在，在为很多部门带来价值的同时，以越来越低的成本加快了那些跨国界、跨市场和跨业务单元的组织的全球化步伐。可是，对于高层管理者的挑战依然存在，彼得·德鲁克很好地将其概括为：需要区分数据和知识，以及信息技术和信息。随着可获得的数据和信息越来越多，与识别、存储和使用相关的问题也越来越急迫。更重要的是，需要不同的技能去开发这些信息，将使用这些信息的成本降至合理的水平，以更好地了解客户的需求。

公司信息管理政策和它的潜在成本仍然是很多组织不断关注和分析的主题，已经不仅局限在年度预算程序中了。之所以受到如此关注，一部分原因是在信息资源（数据以及数据的传输、使用和存储）上看似无休止的投入，并不足够透明，以致无法判断它是否带来增值或者成为组织一个富有竞争力的优势。除此以外，信息管理决策的影响和成本已经超出中央计算机处理部门，渗入到每一项活动中。

近十年中，公司对资本支出进行了大量的投入——其中很多用在了技术产品上（在 2000 年有近 50%），即便如此，股东们仍有很多质疑。对于分析师来说，一个越来越明显的事实是，IT 投入并没有带来最初预计的投资回报率。IT 分析师声称这个问题是由于企业购入 IT 设备和软件越来越复杂，需要高薪聘请 IT 专家进行持续的维护。一个影响因素是公司政策要求从不同的供应商采购设备和软件，而它们的系统不一定能兼容。

由于子系统经常是客户定制的，那么整体系统就不太可能做到稳定可靠或成本效益高。结果会出现两个影响：

1. 由于IT和通信系统被深度整合以确保业务正常运转，公司发现仅仅为了保持系统的运行就不得不继续加大投入，因此基本没有公司能够承担削减IT支出的后果。

2. 由于IT不断增加的成本和复杂性，企业在理清当前的配置前，不太可能对IT进一步投入，首要的重点将是高效率地利用现有的IT系统。

提高工作效率的分散式方法

与制造领域获得的结果不同，将更多的技术用在解决办公信息阻塞及其相关成本上，没能显著地提高工作效率。管理咨询师准确地指出了一个原因：公司使单项工作自动化，把每项办公活动的地点或者级别看做孤立的组成部分。例如个人计算机这样的设备是以渐进的方式进入办公场所的，因此很难制定出一个总体战略。

这样就会导致用一种零散的方法来解决这个问题，通常包括购买质量更好或者速度更快的复印机或者新的电脑，可是部门和组织之间信息流的交换和传递的基础结构并没有根本性的改变。

一个普遍的例子是传真机。传真设备能够在几秒钟内将文档发送至世界的另一边，而这种优势会由于中央邮件部门缓慢的人工处理，或者员工对传真的发送成本不重视而减弱。在美国，调查显示，员工没有受到关于高效利用传真机的培训会增加成本，而很多企业由于缺乏集中控制而使得管理层没有注意到这一点。那些计算传真文档累积成本的企业，在检查有多少比例的传真信息被多个接收者复印时很震惊，秘书的工作时间以及纸张成本会将每次复印的成本激增到无法想象的程度。

考虑自动化处理

针对办公场所中无法协调的技术困惑，发现者试图解决不断增加的文件问题，鼓励信息共享，指出如果要实施自动化，就必须覆盖信息流的所有流程。很少有公司会设想通过为每个工人分配一台更高效的设备来实现制造车间的自动化，也不会将这个方法与整个生产流程相联系，可是这在办公场所已经发生了。正像哈默（Hammer）和钱皮（Champy）在他们广受好评的著作《公司再造》中强调的：

"……自动化仅仅为从事错误的事情提供了高效的方法。"

分析师越来越相信，企业在投入 IT 的同时彻底地重新设计商业流程，可以在提高工作效率方面有更大的收获。

在办公场所实现自动化成本较高，也很困难，因为很多工作是分散的，人类的行为模式也是无法自动化的。当不断膨胀的文档难以管理时，人们倾向于增加更多的员工和文件柜，这只能使问题变得更糟。

这些临时的方法没能解决基础性的问题，却支撑着那些过时的管理流程和职能结构。最终的结果是管理系统和信息流变得越来越复杂，间接费用越来越多。

提高办公效率：业务流程管理

在不断变化的办公环境中，只有在高层管理者的带领下，通过以下三种战略性目标才能提高工作效率：

- 提高信息处理和应用的效率，减少信息处理时对成本和员工的需求；
- 为信息的存储和共享寻找更有效的媒介支持机制；
- 争取引入更有效的信息流程。

高层管理者借鉴来自生产领域的概念，开始求助于业务流程管理（business process management，BPM），该方法指导办公室经理及其员工分析他们是如何工作的，以及他们产生和使用了什么样的信息流。这些都不再被认为是独立的职能，或者"信息孤岛"，而是与更大范围的部门层级甚至组织的流程相衔接的。这些挑战不仅影响核心的总部活动，而且会影响构成整个组织的子公司和附属企业的整体网络。关键的方法是要追踪整个工作流程而不是单个的、分散的工作任务、例行程序和手续。通过分析组织总体的业务流程，打破阻碍公司不同部门之间相互了解的壁垒，可以使工作的重点由更快、更便利的系统转向削减不必要的活动。

在很多企业，命令和计划是在独立的部门和职能专业员工之间垂直或水平地传递，结果是形成了一种有序的工作流模式，在执行下一个任务之前常常需要等待很长的时间。另外，当在任一部门内的消息、文档和其他文件流的数量和频率不再重要时，其他对人力资源的相关需求将会变得过量，例如复制、归档和文档检索、文件查找和分派。这样会束缚作业，业务流程管理必须识别生产率低的工作，削减强加在秘书身上的繁重任务。

从系统到业务流程

业务流程管理首先要描绘出有助于实现部门和特定业务目标的信息、决策和其他程序的流转情况，例如强化的客户服务。在一个典型的跨区域经营的消费品企业中，上述工作为记录分公司收集的客户咨询，然后要求总部特定部门提供信息，总部的反馈可能转而要求在此信息的基础上进行额外的调查，该调查在得出令人满意的结论之前可能是由另一个部门执行的，这意味着信息的统筹协调效率很低，组织中很多部门的大量员工都在处理相同客户的问题。一家荷兰的饮料公司使用业务流程管理法，简化内部的文件流转，使得为散布于全国的多样化客户开发票的时间由两个月减至一周。需要去查看客户档案的人员越来越少，通过使用共享存取设备，改进后的数据库可以使订单和开具发票同步。

办公室中的员工工作和接触的方式体现在流程中。例如组织层面的文件处理和归档工作，在一些大型的组织中，3%的文件被错误归档，而每个档案卷的重新归整需要耗费 60 英镑，据估计，全部工作时间的 10%，或者每周超过 4 小时都用在寻找档案或者文件上。其他的研究表明一份文档平均被复制 19 次，这就可以解释为什么文具和复印成本在很多公司成为不断增加且无法控制的一项费用。

一些企业进一步将业务流程管理作为业务再造的一种方法，将建立在传统职能（例如财务、营销、生产）基础上的组织，改革成以关键流程（例如订单管理、满足客户需求）为基础的组织。一旦企业结构为直线职能制，那么必然会有较长的报告、表格和文档分派流程，来协调职能部门之间的工作和信息流。实际上，部门正常的运行也会促使该流程增长。业务再造意味着要从根本上重新思考整个业务，同时需要对组织文化进行彻底的改变，这些可能是高层管理者不愿意进行的。

识别多余的人员工作

在检验改善办公室信息处理方法的同时，业务流程管理法使人们更多地关注如何识别多余的人员工作，例如将时间花费在归档和保存 30～40 份相同信息的复印件上。许多管理者很快就发现即便是例行的办公活动都会产生多余的和不必要的文书工作，因为：

- 使用那些既不高效，也不实际的系统或者程序来完成工作，例如提取存货或者订购文具时填写的纸质表格；
- 那些为解决一次性事件而建立的系统，在目标已经达成后，仍然继续和扩展使用。

业务流程管理使一家比利时的食品进口商高度重视由于过量的文件而对采购系统造成的束缚，它占用了那些以寻找高附加值产品为首要任务的员工的时间，该业务流程管理特别揭示出每个采购订单需要 17 张纸，记录每次交易需要 4 本不同的账簿。由于需要逐层审批，文件流不得不推延，例如，订单从采购主管到财务总监再到运营副总裁，都会增加处理单个订单的成本。采购部门的核心任务本来应该是购买、审查竞标、与供应商谈判以拿到更好的合同，现在却成了处理订单。在这个例子中，业务流程管理方法揭示的另一个重要的方面是，管理者认识到使当前的文件系统计算机化，可能不会有令人欣慰的效果，也只是将低效率的工作自动化。管理者决定在引入 IT 系统前首先以简化流程为目的来分析人工系统。

使用过的信息资源

现在人们越来越关注过去积累的信息，它们占据着昂贵的存储空间和办公空间。非结构化的信息（备忘录、政策文件和产品宣传册）和结构化的信息（发票和订单表）只会愈发冗杂，无法进行有效管理。将人力资源分配至控制、归档和处置那些不再有任何价值的表格和文件的复印件，从某种程度上说毫无道理。让人们在错误的事情上努力工作是毫无意义的。办公室中对员工产生过多和不必要的需求的低效率的程序必须要清除，流程应该简化，客户的需求要更加及时地得到解决。

信息的生命周期

并不只有文案人员才会从事低效率的信息处理工作，专业的知识工作者也会陷入查找、编辑、保存、传播和检索信息的工作中，低效率的信息处理工作同样对这类员工产生过多的需求，占用了他们从事本职工作的时间。信息从产生到处理之间复杂的运转模式，会产生对高层管理者的时间和资源的需求，而他们通过审视这些需求，促进了流程的绘制工作，这就是所谓的“信息生命周期”。

对于大部分由部门产生和积累的信息，例如报告、常规备忘录、统计资料、意见书、助手备忘录等来说，它们的生命周期是可预见的。在某类信息经历它生命周期的各个阶段（产生、维护、处置）时，管理者应该计算它对员工、计算机处理时间、文档空间、分派等资源的需求。

与信息管理相关的成本在生成记录的阶段是最高的。几乎每个公司每天都会产生不必要的信息记录，例如一个电话就可以完成的工作却写了一封信，或者多个表格的复印件在多个部门归档，实际上只有一份会被使用。我们没有足够地考虑一个更加重要的、有关信息采集的问题：真的有必要去保留和复制这些信息吗？

在维护阶段最常遇到的问题是不必要的归档。限制这种无意义行为的有效方法就是减少分配，这种方法对于指令性的信息尤为有效。以传递信息为目的的文件复印件，在组织内的信息流中是很重要的组成部分，可是我们仍有以下问题需要解决：

- 有人需要这些复印件吗？
- 一份复印件足够为两个或更多的人或办公室服务吗？每份复印件对这些办公室或者人员有什么用途？
- 可以制造出一份可读的文件，并在那些对这个主题感兴趣的人中间循环使用吗？

在信息循环中的每项作业或者步骤，从信息的产生到处理，都需要有员工的介入，这样会增加他们的负担和成本。这些并不是孤立或者随机发生的步骤，而是遵循一种从产生到处置的可预期的模式。每个阶段都需要消耗资源。高层管理者试图用一些孤立的方法来解决这些综合的、相互联系的事项或者任务链，这只能暂时地缓解压力。只有把信息生命周期视作一个持续的进程来对待时电子媒介带来的好处才能显现出来。解决的方法也应该是综合的和连贯的。

IT 的意义

一种很有吸引力的方法就是电子和 IT 解决方案，它们可以以更准确和低成本的方式来实施，焦点也变成实现经营目标。生命周期概念 80%的价值是源于检测当前的工作方式、识别异常的程序，例如档案系统中的多次复制、复印机的过度使用，以及由于员工、部门和办公室的数量多而导致处理文档时间的延长。对于一个想要获得最佳收益的组织来说，不应该把办公自动化等 IT 方案当做改善常规工作模式的替代方案。IT 的关键用途在于提高生产力、补充和提高绩效，特别是在专业层面和管理层面。

在对信息流和文件的生命周期的政策进行简化后，信息技术可以帮助企业减少办公环境中纸质文件的数量。在 20 世纪 90 年代中期，纸质材料占到组织文件的 90%，而到 2005 年，这个比例只有 30%。大部分的 IT 顾问都一致认为，绝大多数的商业表格和日常沟通中都可以用电子媒介取代。

IT 是内外交流的催化师

应用 IT 技术，给予员工可以提高工作速度的正确工具，可以提高效率，并且有助于改善员工和部门的沟通。IT 同样使得管理结构扁平化，通过扩大信息受众面促使权力下放，结果就是更高的效率和更低的成本。要想在工作场所实现经济效益，管理者必须找到可以将员工从耗时的工作中解脱出来的软件。

负面的风险是会产生大量的新信息，并且以更快的速度涌入各个部门，将管理者淹没。除非清楚地了解如何使用这些信息，或者了解完成工作到底需要何种信息，否则管理者紧张的日程安排中又会增加很多无效率的时间。电子邮件就是该问题的一种表现，一不留神就会出现邮件激增，这会引发对应用最为广泛的互联网的效率的质疑。据估计，办公室员工平均每天会收到 30 封电子邮件，花费 2 个小时来阅读、转发和回复。员工处理每封邮件的平均时间超过 5 分钟。根据旧金山费理斯研究公司（Ferris Research of San Francisco）的预计，当前员工每天超过 4 个小时是用在处理电子邮件上。

要求应用诸如电子邮件的 IT 技术来改善内外沟通的最重要理由是改善客户响应，例如，通过消除明显的重叠领域和不协调的地方，可以加快公司响应需求的速度。为了实现这一目标，应该强调在重塑办公环境时使用 IT 技术。IT 可以帮助公司通过在线数据库实现信息共享，避免不同的单位重复地输入相同的信息，打破部门内关于数据所有权的狭隘观点，使任何地理位置的部门都能对一系列的客户问题做出回应。

首先严密地检查纸质文件的生命周期，然后借助 IT 方案，可以很好地解决文件存储和检索的问题。一家法国的消费电子生产商发现，花费销售额的 4%来建设一个电子数据库，引入无纸化的信息流系统，就无须不断增加文档柜和重建混乱的文档系统。很多企业都采用分散的、不协调的方式来对具体工作的自动化进行 IT 投入，而很少注意到对经营中文件生命周期的有效运行进行投入。将传统的“打印到分配”的系统转变成“按需打印”，企业可以通过一个数码化的电子图像系统来表示对任意文件的需求，并按照需求的数量打印出来，这样就会节省很多存储空间、办公空间和文件柜。

衡量 IT 投入

新兴的 IT 应用从根本上改变了传统的办公环境，人们工作的地方更加有活力，可以分享更多的信息，发现更多的机会。即便这样，在衡量 IT 对经营的贡献方面仍然有些问题。一些企业从实用主义的角度来衡量。新的 IT 系统可以使管理业务或者交易的人员或者额外工时减少吗？它可以确保更快或者更方便地获得更精准的质量信息吗？管理成本可以减少吗？如果类似问题的回答是肯定的，那么一些企业就会继续 IT 投入。

有些企业则认为，对 IT 投入的战略评价不应该仅局限在财务角度。例如，如果应用 IT 后带来了更高质量的信息和处理工作，这就足够了。如果只纯粹地从效率、成本控制和资金节省方面来看待IT投资，可能使一些企业不能看到其在价值驱动、管理客户关系和在互联网上开发新分销渠道方面的作用。一些对IT的指责可能来自那些对IT一无所知的高层管理者和董事会成员，他们常常不知道自己到底想要什么。分析家认为解决这个问题的一种方法就是原型法（prototyping），让高层管理者看到有关这个应用的实体模型或计算机桌面版本，这就使得管理者在对其投资前就能够想象出这项新技术是如何在实践中发挥作用的。另一种方法是购买网上的IT服务，而不是公司自己拥有和维护硬件和软件，这是一种花费较少的方案，特别是当管理层只为他们使用的服务付费时。

营销中的IT应用

最近最重要的IT应用是在营销领域。互动营销已经成为大部分营销部门不可或缺的一部分，它使公司与客户之间形成持续的交流，而没有了传统促销的时间延迟。在实现大范围多样化营销的努力中，它可以节省很多的时间和工作，这是一个很吸引人的领域。互联网作为一项领先的应用技术，打开了很多新兴的营销渠道，从电子游戏、电视家庭购物、邮件和电话营销、CD-ROM、在线服务和互动小贩（interactive kiosks），到很多营销者的终极方案——网络购物。

互动营销对营销中的三种关键角色有重大影响：

1. 告知客户群有关公司及其产品和政策的信息。

2. 培育品牌意识，与竞争对手进行品牌区分并成为客户的优先选择。

3. 增强客户信任，增加订单和销售量。

除此之外，还有一些成本节约的效益。1995年，美国一个关于使用互动营销的研究指出，互动营销对营销支出的影响可能更有价值：

> 1. 更加有效地利用营销预算
>
> 与销售目录、宣传册和商业指南有关的打印、储存和分发成本可以节约下来。通过更多的便利性来实现升级。当数以千计的电子信息被发送至经过挑选的客户群时，电子邮件的成本已经与它的传递距离无关了；就国际交流来说，这与电话、传真或者传统的信件相比大大地节省了成本。
>
> 服务业的销售和营销成本可以降低。例如，航空公司使用互联网使该行业最大的成本之一——机票的销售和营销成本减少了一半，占到了总成本的20%。
>
> 2. 加快速度
>
> 由于客户和营销部门的员工可以及时地获得有关产品、售后服务要求、报价、存货的供应量等信息，等待打印并将详细信息发送至客户的时间大大

减少了。

3. 建立另一个市场购买点

如果客户可以通过互联网来购买产品，就无须前往销售点，销售人员也不用再想方设法地去寻找新的客户。

4. 拓宽国际范围

所有规模的企业都可以跨越国界，以最小的成本进行国际竞争，拓宽国际范围。很多运营规模较小而设施多样的欧洲企业在经历了跨国经营的复杂性后便降低经济规模，而这些复杂性可以通过对网络技术的投资而消除。

可是，网络作为销售推进器所带来的很多好处，例如电子商务，没能用传统的会计方法准确地衡量出来。更低的产品价格可能只是所有节约中相对较小的一部分，更低的存货水平、减少的固定资产和降低的加工成本同样也是网络带来的好处。

隐性成本

在营销过程中使用网络会形成隐性成本，它会增加营销部门的工作，同时承担不断求变和更新内容的压力，导致沉重的员工成本。

设计出一个既要考虑启动成本，又要考虑维持网站所必需的信息不断更新的预算，不是件容易的事。一些企业发现，开发一个以市场为导向的网站要比最初预想的复杂得多。它需要建立数据库，开发一个便于使用的版式，以及利用编程技术建立各种页面之间的链接，所有这些都需要很高的成本。运营公司网站所需的成本在不同企业间差别很大，而且取决于使用的硬件和通信技术的类型。在美国，基本的网络连接服务每月要花费20美元，互动速度更快的连接可能会增加到每月1 000美元。由于需要持续地更新，对发送到营销网站的客户电子邮件进行回复以及增加全职员工来管理系统，成本会继续增加。维护和保养成本实际上应该覆盖以下工作：

- 网站的维护与开发；
- 监控反馈；
- 更新；
- 可见性和网站流量分析。

在营销活动中更广泛的应用

当前相对低廉和更加复杂的数据库技术使得建立一个巨大的中央信息库成为可能，这个信息库应该包括有关客户所有方面的信息。这会使企业改善其目标营销策略，例如奖励忠诚客户，停止为不会购买的客户进行促销和提供商品，以减少资源浪费。从成本的角度看，获得更准确的客户信息，并将其有效地用于向特定细分市场进军，可以有效地解决一个长期存在的关于识别、获得和保持客户的营销难题：替换一个客户的成本是保留一个客户的五倍。

数据仓库

在改善营销效率方面一个关键的 IT 开发就是数据仓库技术。从本质上讲，数据仓库将原本存储在分散的电子系统中的客户数据收集起来（发票在会计部门，客户记录在客户服务部门，销售数据在销售部门），把它们合并成一个数据库。随后通过对这些信息的分析，洞悉客户的信息和消费模式。

通过更加准确地识别最佳销售量期望值，有助于揭示出新的微观市场选择。利用这样的信息可以产生一些有趣的结果：

- 客户需求分析的改善。很多超市集团通过分析收银机数据，找到它们的客户每次都会买的商品，重新安排商品在地面和货架的布局，摆上客户真正想要的商品，减少浪费在订购和储存冷门商品上的空间和时间。
- 识别客户类别。营销主管能够区分高价值的客户（他们倾向于购买高价商品，这是商场希望保留的客户）与注重价值的客户（他们倾向于有选择地购买商品，这些客户可能不太具有价值），大型超市集团的单个店面就可以识别出它们的客户类别并相应地调整营销方法。
- 有目标的邮寄广告。企业可以通过更有选择性地发送邮寄广告，来改善直接邮寄广告促销的回复率。银行部门已经率先大规模地应用了这种方法，是直接邮寄广告方法的最大使用者之一，这使得它们更注重对有良好合作前景的客户进行营销，而不是对整个市场。银行和保险公司在勾勒已有客户基础时使用数据仓库技术，不再试图争取那些它们知之甚少的新客户，那是一件成本高又毫无价值的工作。

IT 有效地降低存储成本

当办公室无纸化的愿望还难以实现时，电子存储信息，特别是光存储技术的使用正在扩大。博安咨询公司（PA Consulting Group ）咨询师估计在 1995 年，电子存储已经占到总存储能力的 10%，到 2005 年，这个数据将达到 50%。电子存储成本的不断降低，使得企业即使存储了大量无用信息，存储成本也有显著的下降。公司信息的存储成本在 20 世纪 80 年代末是 15 美元/MB（兆字节），而在 2001 年，这个数值接近 15 美分/MB。

在组织中重建 IT 专业技术

随着越来越需要将 IT 集中在经营需求上，而不是陷入关于升级和软件开发的技术性争论中，企业仍在努力寻找 IT 职能在集权和分权上最高效的平衡。如果企业依据利润中心或者业务单元的层级，或者按照市场来架构，那么将 IT 人员调配至这些终端实体会更有意义。提供个人计算机设备和本地网，使得这些终端用户可在一个合理的成本水平上保持联系。企业很快就会看到分散化信息系统的好处：更快地响应客户要求、更快地测试和交付产品、MIS 人员更接近客户，以便更好地满足部门服务的需求。

负面的观点同样要引起重视，要认真地反思潜在成本的问题：没有将核心程序和大型主机的能力结合起来，总体上的标准比较低。机器的不断增加似乎伴随着运营系统和语言的增加，导致微型计算机、迷你计算机和大型主机之间产生接口的问题。所有这些问题会使直接的信息交流变得复杂，或者迫使文件的再格式化。

分散化的 IT 环境中固有的另外一种风险就是会产生碎片化的数据库。例如，分散在组织中的信息孤岛，每个都包含外部客户的数据，且基本上都是相同的信息，但是有不同的目的。即便这些数据都包含与相同客户有关的市场活动、应收账款和客户服务的关键信息，也可能无法实现共享。建立和维护这些独立数据库的成本可能非常高。从长远来看，高层管理者必须把数据库分散化的成本与数据库集中化的成本相比较，避免数据的重复和由此产生的问题。

目前，分享数据库有明显的优势：减少数据冗余，从之前无关的信息中生成报告的能力，改善信息的可获得性，当字段被修改或添加时可以大大降低维护成本。

隐性成本因素

分散化的 IT 系统所导致的隐性成本通常在系统安装很长时间后才能检测到。由于存在持久的学习曲线，在员工应用 IT 技术时如果不熟悉新的 IT 系统，也没有经过良好的培训，那么就会增加成本。很有意思的是，一些大型企业误认为只要把计算机放在员工的桌子上，就可以期望这个系统能高效地工作了。当分配到每个部门的 IT 专家不断受到干扰时，就会产生隐性成本，他们不断地被一些没有经验的使用者要求去解决 IT 问题。

如果高层管理者既想控制成本又想保证使用效率，那么他们就必须积极地管理这些昂贵的分散化资源。管理层经常会接到要求降低电脑成本的诉求，可是只有当分散在各个地区的员工能够有效地利用设备时，成本才能降低。

跨国公司的市场是高度国际化的，说相同语言的国家很少，甚至连相同的字母都没有，这就使它们迫切地需要通过相互协调的IT政策，简化全球的运营。在这种公司中需要大规模的信息处理工作。

糟糕的IT处理会扩大集团内部不同企业之间的差异。20世纪80年代中期，两家有影响力的银行机构试图合并，但最终由于无法整合以不同计算机和软件为基础的IT系统而宣告失败。形成对比的是，两家英国的零售集团，一家有大规模的实体商店，而另一家主要依靠邮购目录系统来销售，它们的联盟由于其营销手段和数据库兼容而得到加强，实现很好的盈利。

多种跨国并购会使集中化和分散化的争论更加复杂。一家领先的制药和保健品跨国公司，在全球有超过300家企业，重构了其IT核心，以明确其业务导向。紧迫感会加速公司的收购战略，这样就不可避免地会加入不同的系统。很明显，各家企业普遍使用定制的系统会增加集团内子公司之间系统转换的难度，即便它们遵循相同的理念。鉴于对充分利用当前的IT系统的需要，集团开始寻找各经营子公司之间的相同点而非不同点，例如，车间计划和物流，这样就可以开发出能在各种经营环境下使用的系统，而无须抛弃当前的系统。考虑到各地条件的差异，它们设计出一系列可接受的备选方案，将转换成本最小化，包括硬件和软件的互用性。可供不同国家使用的开放性数据库已经建立起来了，同时制定出有关系统接入而非系统整合的计划。当前的应用程序可以接入新的，能够传输和分享原本不一定属于该数据库的数据。

人的因素

高层管理者的任何一个技术倡议不仅要考虑新硬件和新软件系统的整合问题，而且要解决好对员工的影响。组织政策的所有方面都要检查，包括职位描述、薪酬制度和控制机制。安装和设置新技术设备时如果不考虑对员工培训的需要和对当前信息流的影响，那么新技术的采用将会产生很大的成本。

由于IT技术正覆盖越来越多的组织部门，员工需要跟上技术的脚步，有能力使用和改进新的“知识管理型”软件，这会增加对员工能力的要求。信息过多会带来一些风险，比如员工很难吸收或者使用这些信息和工具。此外，很多人对不得不分享信息和个人专长抱有抵触情绪，感觉受到了威胁。在员工害怕被解雇的公司，人们不情愿去分享信息，在这种情况下会有一些无法衡量的成本。

IT改变了人们工作的方式。“虚拟办公室”的出现意味着网络可以取代实体办公室；现在公司无须自己雇用员工，可以把工作外包给其他企业、自由工作者组成的团队，或者由员工在家中远程办公。这样可以大大地节省空间、设备、照明、取暖等与实体办公设备有关的一般行政支持活动的成本。

组织在发生这些改变的同时也伴随着其他形式的高成本。对于组织中一项非常重要的资产：知识资本，即员工掌握的专长和信息，传统的会计方法通常无法进行衡量和报告。随着员工总数的减少和劳动力流动性的增加，要格外重视该资产流失的风险。毕马威（KPMG）的咨询师在一项调查中发现，近一半受访的公司是由于没有将个体的知识资本转化成组织的知识资本而导致与客户或供应商关系的破坏。

让 IT 资产有更好的回报

实践中，组织中每一个业务单元都改变了数据处理的方式，为办公室和终端使用者配备计算机。公司中从 CEO 到销售员，每一个人都通过联网的计算机连接起来。

然而，这使得一些企业开始关注计算机的拥有成本，特别是当高层管理者非常重视 IT 投资能否获得最优价值时。1995 年，位于美国的加特纳（Gartner）研究小组进行了一次对总拥有成本的研究，结果表明，联网的计算机五年所产生的总拥有成本已经从 20 世纪 80 年代中期的平均19 000美元攀升至目前的超过40 000美元。更值得注意的是，这部分成本中应归属于计算机和软件原始成本的比例只有 20%，剩下的 80%是使用中所发生的成本，例如培训、硬件和软件的存货记录、软件审计和更新、技术支持和帮助、用户停机和系统故障导致的数据丢失等。

仔细审查解决方案

要想确保一个整合的系统能够胜任联网工作和跨部门，甚至是跨地区、跨国界的信息共享，对电脑配置的要求极高。“我们需要一台新型的、更新换代的计算机，现在就下订单”，类似这样由强势的部门领导推动的过于简化的解决方案，应该更加认真地审查，以避免发生代价高的失误和浪费。例如，更新硬件以符合新软件的要求，这样一个简单的决定对于富有成本意识的部门领导来说，就是一项花费很大的活动，除非有人询问组织是否有足够先进的计算机来运行某个软件。同时，更新计算机通常是个明智的决定。利润中心的管理者可能希望计算机使用四年以上，这就要求计算机能够支持多个时期的软件版本，管理者热衷于保持较低的资本性支出，虽然增加了短期的投资回报率，但是对成本的影响随后就会显现出来。

IT 投入与人力资本

如果生产效率的提高没有达到最初的预期，企业就会将原因归于没有将资金用于正确的IT设备上，而不再探究深层次的原因。IT分析师认为这只是问题的一部分。无效的投资固然会浪费资源，但更没有意义的是把IT投入与人力资本相比较的想法。试图证明节省的人员工资与IT成本是相等的成本分析，如果没有考虑IT装配、软件分配、管理配置和提供帮助服务等长期成本，那么就是有问题的。同时，人未尽其才所造成的机会成本也被忽视了。

以上的讨论为管理IT项目提供了一些大致的原则：

- 与使用者一同协商整个部门的标准，符合推荐配置，并确保与组织其他部分相兼容。这种方法本身需要减少平台的数量并降低硬件与软件的标准。这样就会减少采购和部署的时间，使企业能够签订大批量采购合同、降低成本、削弱当前IT技术的一个重要的成本因素——复杂性的影响。
- 按照部门来量化整个IT，包括十个关键运营部门、备份技术支持部门、软硬件维护部门和行政部门。
- 聚焦组织运营需要最合适的IT设备，而不是一味地追求最新。
- 定期执行系统审计，记录IT资产，包括新的和旧的。
- 制定卸载（处理和移除）IT设备的计划，避免崩溃和确保有秩序地、及时地与新设备整合。

要点

- 2005年，大约30%在办公中使用的信息仍然会以纸质的形式产生和存储。大部分的商业表格和日常沟通会逐渐采用电子媒介的形式。
- 管理层需要区分数据和知识，以及信息技术和信息（彼得·德鲁克）。
- 企业发现仍然要为IT系统的运行花费巨大的投入，结果导致很少有企业能负担得起，不得不削减IT支出。
- 如果单项办公活动以一种分散的、不协调的方式实现自动化，那么生产效率的提升很有限。
- 应该识别出不必要的纸质文件流转的多余流程，以及它们对人力资源和设备的需求。
- 应该检测出关键信息流的生命周期，从它们产生到处置，还有它们在已知的每个阶段强加给员工的负担。
- 要对员工进行培训，使他们能够高效地使用IT设备，那么这些摆在办公桌上的昂贵仪器才会真正地发挥作用。根据长期学习曲线的原理，不熟悉新的IT系统以及没有受过良好培训的员工如果使用这些IT设备都会增加成本。

- IT 技术最重要的应用之一是对营销的帮助。对客户信息的电子数据库进行整合，有助于深入地了解客户的特征和消费习惯，提高产品、服务和促销活动的针对性。

检查表

高层管理者是否设计出一个适当的公司信息战略，使纸质的材料与以电子形式产生和存储的材料相互补充？ □

当前的信息流程、信息实践和信息流是否对从事支持工作的专业员工形成一种繁重的负担？ □

高层管理者是否对 IT 的投资不仅看做提高效率、控制成本和节省开支的途径，更重要的是推动在驱动价值、管理客户关系和开发网络新营销渠道等方面的应用？ □

引入更快、更易接受的 IT 系统，是否以削减不必要的作业为目的，并对信息流特别是那些以纸质为基础的信息流进行了全面的评估？ □

电子信息系统是否经过了充分整合？

—减少不同组织单元对有关客户、供应商等相同信息的重复录入。 □

—鼓励组织单元之间更多地分享信息。 □

—使任何地理位置的任何一个单元都能对当地客户的要求作出回应。 □

是否以如下目标制定 IT 战略：

—最终带来生产、销售和管理效率的持续性提高。 □

—减少进行业务和交易活动需要的员工数量和加班时间。 □

—产生更有价值的信息、更快地获得以及更易理解。 □

—降低管理成本。 □

是否认真地考虑过为开发公司网站的长期成本制定预算，例如网站维护、不断的信息更新、监控与反馈以及可视度和网站流量分析？ □

高层管理者是否对设备收购、场地设计和员工教育进行了规划，以便对整个公司的销售状况产生最优影响，使人们关注增值任务，例如产品开发、客户关系和保留现有客户？ □

第9章

战略性重估

成本控制的终极推动力

重新聚焦管理重心

经过一段时期的繁荣后，经济周期不可避免地进入下行期，我们可以预见到公司的反应是提高生产力或者结构重组。随着高层管理者开始监管一系列的活动和方案，从与旅行社谈判来减少差旅经费，到外包大部分内部服务功能，再到减少广告，大额且备受瞩目的预算项目成为他们的目标。他们同样关注通过提高生产力的 IT 来压缩资源，从而削减公司人员。

许多在过去 20 多年观察到这个现象的公司分析师现在提出了这样的问题：是否所有在评估作业方面的努力和设计以及施行缩减计划都是错误的？引发这一疑问的原因是，公司的老板都太过于被短期事件影响，例如直接的人力资源花费和公司内部效率，导致他们忘记了关注公司能够在市场上存活至今的核心竞争力。他们需要一个改进的商业模型以引导他们正确使用其天赋以及精力来改善管理过程，识别可持续和盈利性客户群体，制造更少但是质量更好的产品以及在权力下放和中央集权的决策方式当中找到一个平衡点。关注这些基础领域将会确保成本得到有效控制。

面对激烈的竞争和周期性的经济动荡，工作中充满了时间限制、迫在眉睫的最后期限和层出不穷的危机，高层管理者会因为无法接触与成本控制相关的事务而被原谅。因此，公司内部用以解决成本问题的概念框架必须改变。我们提出的模型关注公司业绩的三个不同方面：

1. 寻求永久的改善；
2. 回到营销的原点；
3. 在集权与分权之间寻求一个正确的平衡。

寻求永久的改善

改善组织生活的所有方面——全面质量管理（TQM）——在 20 世纪 80 年代被许多美国和欧洲公司积极采用，成为提高从业务活动到员工忠诚度的令人信服的工具。公司很快就发现，为了能够保证 TQM 成功，提高内部质量，不仅仅需要在营销中改变包装盒的颜色，或者由员工做出彼此孤立的决策。公司管理者必须努力工作以在公司内营造一种新的思维，注入一种改善的感觉——这并不是偶然的事件，而是公司日常运营的永恒方式。

TQM 给公司带来的最重要的贡献是强调削弱僵化且分割的结构带来的影响，这样的结构被职业经理人屡试不爽，不为外界影响和创新所动，借此提高质量。另外，尽管公司在运营其客户服务价值链时倾向于高度的过程主导，但是只要公司保持严格的职能性结构划分，包括营销、销售、生产和财务，那么诸如产品开发或者向客户交货这样的核心过程就依然会被当做一个个支离破碎的部分来处理。顾客满意度下降最终会导致成本上升。如果在订购周期中出现责任重叠，那么缺少及时的管理就会导致混乱、延期和抱怨。

分割化的结构对一些重要的与顾客相关的事务会产生负面的影响，例如订单在两个部门之间推来推去。进一步分析价值链，我们可以发现顾客需要为诸如延迟送货、错误订单、不合适的销售建议以及延迟的售后服务等低效活动埋单。可见，内部服务的非集成化会导致高成本。

TQM 是怎么工作的？

从日本被称为“改善（持续改进）”的工作实践中借鉴而来，TQM 要求涉及客户价值链的责任中心负责人不断询问如何改善其部门的运营。TQM 基于两个基本特征：

1. 是关键业务流程整体运作质量改进的驱动器。

传统定义上的流程是指在实质上被分隔的各个环节的运作，如生产、销售和财务，质量改进必须拓展这种狭隘的观点。

期望通过一次只检查整体运营的一部分这种分割化的做法来做出改善，很少能够得到最佳的解决方案。例如，试图提高采购流程中所涉及步骤的效率时，可能很少会考虑到与物流及生产相关的作业，而这些作业应被视为客户服务价值链中一个不可分割的部分。这种“头痛医头，脚痛医脚”的做法并不能形成解决方案。

2. 业务改进计划需要基于流程的性质得到高级管理人员的大力支持。

它应该跨越部门和职能的界限，超越那些原本根深蒂固的结构。

显然，试图通过规划从下订单到完成交付的整个组织流程来在战略层面解决质量改善问题被证明是一项艰巨的任务。组织有可能是一个复杂的结构，包括正式关系和非正式的关系，并不是一幅正式的组织结构图所能完全描绘的。如果订货周期被分解成相互联系的多个环节，那么各个责任中心的工作可以从不同的角度进行评估。应该包括如下三个环节：

- “从开发到市场”环节，处理产品开发链；
- “从市场到应收账款”环节，侧重于获取客户订单、配置和收款；
- “客户服务”环节，关注改善售后服务和关系维护。

鉴于大多数企业的传统结构，没有哪个单一的责任中心或部门对完成整个流程负有完全的责任，一个环节可能分布在多个责任中心。高级管理人员的第一个挑战是寻找更好的多功能、多学科方法，这种方法旨在让经理和员工不再是依赖于顺序指令的分散独立的个体，而是可以一起为改善从订单处理到产品开发的整个过程而努力的团队。

关键内涵是什么?

质量改进意味着涉及人

一旦高级管理人员花费时间和精力来强调一个事实，即整个组织的质量改善必须着眼于客户的重要性，那么员工需要知道他们应当将努力集中于何处。在这种形式的集中授权过程中，必须让员工具有改善和精简不会导致裁员的信心。

质量改进涉及分析

寻找途径以改善内部流程或在市场上建立稳固的客户关系，包括深入的自我分析、严格的纪律和持续的推动力。如果出现以下情况则这些努力将失去价值：

- 工作人员对被“授权”不感兴趣，因为他们从来没有受过进行分析研究或解释定量信息的相关培训，这些培训使他们能够承担风险，调动人员或做出决定，因此适当的培训是质量改进方案取得成功的必要条件。
- 分析和研究令人无法忍受的抽象报告，这些报告充满统计信息且只有少数专业人员可以理解。分析报告必须以所有人可以理解的形式编制和呈现。它应当能够鼓励员工用数据指导行动，并最终将数据整合到自己的信息库中，以提高控制、改善系统并确保更好地与其他责任中心的任务同步。

质量改进必须有侧重

一个常见的错误是让质量改进措施浪费在那些不值得花费管理者时间和精力的流程上。如果一个流程不会对组织业绩或客户满意度产生影响，它可能不值得投入时间去改善。当高级管理人员试图培养质量改进的集体意识时，改善非关键过程，如购买高速复印机或更新公司文具用品，其作用可能微乎其微。

质量改进必须与战略目标相关联

如果改进公司做事的方式被员工广泛采用，这样做的激励必须来自各级管理人员。如果责任中心经理能做到以下几点，将对此有所促进：

- 对于企业目标有透彻的理解，而不仅仅是支离破碎的把握；
- 能够看到建议的质量改进项目与对自己部门目标的影响之间的联系。

回到营销的原点

公司负责人很清楚，他们都生活在一个竞争激烈、人口结构发生变化、产品生命周期更短、顾客难以捉摸却越来越明智的时代。针对这些情况，许多公司正在寻求“亲近客户”战略，并成为更加“客户驱动”型的企业。

全球消费产品巨头正在恢复与客户的对话、深入思考市场调研、制定改善产品的计划、建立稳固的客户关系以及重组内部结构，以加快产品的市场化进程。在传统意义上的营销理念中，它们正在推行“顾客至上”。

要解决的问题是：“我们在满足顾客需求和产生盈利之间是否找到了平衡点?”“是否所有投入到‘正确地做事’（如生产更多型号的产品来适应高度细分的市场）上的精力和时间，都没有喧宾夺主地挤占‘做正确的事’（例如，更好地针对最有利可图的客户群体，更好地了解了他们不断变化的需求）的时间?”

某些产品的新发展证明它们天生对创新有抵抗力。随着国内市场竞争日趋激烈且许多产品领域接近饱和，现在只有1/10的新产品推出后能够获得成功。这里一个重要的因素可能是，现在很多企业的竞争都基于价格、营销或创新——一个建立在未来收入流和利润之上的昂贵框架。市场似乎无情地朝着一个具有以下特点的形势发展：

- 许多相似规模的参与者为领导权残酷地竞争。
- 成长缓慢，因此竞争是一个零和博弈，一家公司获得收益必然伴随着另一家公司陷入困境。

而且，更重要的是，从营销的角度来看：

- 差异化程度有限，因此公司被锁定在价格竞争的恶性循环中。

那么“营销理念”从何融入变化巨大的市场呢？

传统的“营销理念”

营销理念是在20世纪50年代第二次世界大战后消费增长的情况下首次被提出来的，当时制造商随时准备着主宰产品市场，规模战略符合它们的需求和市场机遇。大规模中产阶级市场的出现，带来对相对同质品位和生活方式的追求，这为制造商提供了一个提高产量的额外刺激。其他两个时代特征也同时促进了这一趋势：一方面零售集团没有像今天这么强大，在市场上也没有太大的影响力，而且无论如何它们也缺乏相应的管理技能去改变现状；另一方面大量的电视广告作为一种媒介给消费者留下了长久的深刻印象，即人们认为电视是营销组合中最强大的组成部分。

这种成功方式注定不能永远持续下去。到20世纪70年代初，企业开始面对一些其他的挑战和威胁：

- 分销/零售集团的权力不断增加，它们跨越国界寻找客户和低成本的供应来源。
- 自有品牌，或是零售商为吸引更多的消费人群而以较低价格推出的分销品牌的出现。
- 在发达国家，由于人口迅速老龄化、“婴儿潮”一代步入中年以及生育率下降导致人口统计数据显著变化。
- 信息技术对减少进入市场的时间，实现更短但更高效的生产运行，以及为适应日益多样和零散的市场而引进新的虚拟通信设备的影响。
- 全球范围内产品生命周期的缩短和许多基本的耐用消费品市场出现饱和。

高级管理人员未能把握和应对这些挑战，导致出现更高的运营成本和市场上整体营销工作效果下降的趋势。从广义上讲，效率低下的营销是由于疏忽了营销与服务客户的基本理念造成的。这些在过去50年快速发展的经济和社会环境中被长期遗忘的基本理念包括：

- 对有时善变的客户冷漠或理解不足。现在客户有了更广泛的产品选择，但他们也更加明智、谨慎和节俭了。
- 不当的营销组合元素的融合——臭名昭著的描述战术营销关键因素的4P（产品、价格、渠道和促销）。过分强调广告推广产品的能力，企业内部的问题过多地占据了管理者的时间，而消费者却没有得到应有的重视。
- 保留了大众市场的概念，将消费者看做一个同质的群体，这非常不适合当前和未来市场的情况。
- 为了增长而追求增长的决策。过分强调扩大市场占有率，甚至超过对利润或者足够的顾客服务的重视，这将导致高度扩张却成本高昂的推广活动。

花费大量成本追求顾客满意度

传统观点认为客户在买到自己需要的东西后，会将目光集中到新的想买的东西上。消费者吃的冷冻食品的数量、人们每月做美发的次数、一个家庭所需要的高科技设备，都是有限的。简单地说，最基本的消费需求已得到满足，因此对企业来说，推出真正的创新产品才是更具挑战性的。

甚至当企业这样做时，由于技术的普及，最初产品的优势迅速被以一半价格出售的类似产品所削弱。

如今客户所缺少的是时间、精力和灵感。购物不再是消费者的主要休闲活动。在不断增加的广告轰炸之下，公司发现要在“混乱”的竞争信息中脱颖而出，抓住顾客的注意力，变得更加艰难。

过去我们遵循一个标准方法创立品牌：所需要做的只是通过研究找出顾客想要什么，制造轰动的消息，创作广告，计划媒体时间表（必然包括电视），监督现金流入。这样的日子已经一去不复返了。

维持公司做出上述努力的成本不再是可持续的：如今在发达经济体中，资本投资、研发和营销占据了企业总成本的75%，销售和营销支出比人力和原材料成本的增长快3倍。公司不再通过追求产品扩散政策或为日益多样化的细分市场提供服务来增加价值。

受以上趋势的影响，在现今环境中，要实现顾客满意已被转化为以下两种战略之一：

- 成本驱动和以流程为基础，例如标准化品牌，它针对同质化客户群，在广告宣传上不要冒犯任何人；

- 以分类营销方式为特征，例如产品扩散和缺乏共同切入点的多元化促销/广告活动越来越难以在跨国规模上进行管理。

那么高级管理人员应采取什么措施来制定一种修正的、符合成本效益的营销方式呢?

审查产品的战略再定位

过时的产品不再符合受教育程度更高、消息更灵通的客户的需求，对这些过时产品的促销无法满足客户需求。此外，许多公司发现自己在产品类型、客户类型和地理位置非常分散的市场上进行销售。公司并不总是追求产品扩散的策略，使用一再变化的产品回应无数的客户群来增加价值。成功的企业能够留在业界，是通过指向以下两个目标的战略再定位：

1. 把公司定位在这样的业务范围，既能提供战略投资高回报的可能性，又能使公司在从设计到售后服务的整个产品生命周期中服务客户。这可能会涉及退出那些没有前途的市场、细分市场和产品系列的艰难决定。如果市场本质上无利可图，或公司满足客户的策略无效，高效率当然能够使损失降到最低，但不会产生利润。

2. 要发展有竞争力的战略，该战略对每个业务领域是最有效的，同时对公司已被证明的拥有将潜力转化为实际利润的制造和营销技能的领域最有效。20世纪80年代，许多有国际化雄心的企业把收购视为扩张现有业务领域的契机。事实表明，收购非常难以管理，因为高级管理人员没有培养出兼并和整合的能力。

重定向客户细分策略

营销已经过度依赖标准的人口统计数据、市场调研和大众媒体广告，造成误导战略和较高的成本。许多营销仍然停留在20世纪50年代流行的以人口为重点的战略，那时企业主要集中在销售消费必需品。今天，许多消费者购买行为是很随意的。现实的情况是，人口统计数据显示人口构成已经发生了变化，转变为以期望延长寿命的老年顾客和生育高峰期出生的中年人居多的结构，市场据此细分。在当前和未来的情况下，有越来越多的证据表明，市场细分将继续甚至加速。例如，在美国，存在多达100个拥有明确偏好的不同地区，主要的食品公司已经开始认真对待这一事实。在欧洲，大型白色家电制造商也面临着同样的问题，它们已经发现了具有鲜明地域偏好的不同质市场的严峻现实。

欧洲食品公司在第二次世界大战后几年内成功地利用这些条件，使用大力推广的策略将产品打入高度分散的欧洲食品市场。但是，过去的几十年里人们越来越富裕导致了另一种形式的市场分割：有更多的钱并不一定转化为更多的食品上的开支。欧洲家庭少生孩子、更多的单身家庭和人口老龄化的变化，导致家庭成员生活方式不同，饮食不同，吃饭的时间也不同。

在食品行业中，一些厂家已经开始严格筛选并淘汰弱势细分市场中的弱势品牌，将更多的营销工作集中在有着更稳固的市场地位的产品上，以此来应对现实情况的变化。此外，新的细分市场可以在较长的时间内贡献利润；如果现有的产品没有实质性改变和本土化更名，则可能不适合多元化的欧洲市场。

确定的主要客户群

识别主要的客户群往往对于大多数企业都是个问题。更重要的是，需要找出那些考虑了所有的因素后，有可能留在公司并构成可获益关系的客户群。IT 技术为小规模的制造工艺和更准确的市场定位提供了基础。一些消费品公司发现，现在或许可以通过混合分割的社会经济群体来替代市场分类方法，这样允许的特异性比过去更大。例如，针对 25～34 岁的女性，可以把她们分为更多的子组，比如有工作且有一个孩子的 25～34 岁的女性。

高层管理者必须审查公司自身的情况和能力。即使市场由具有类似需求的大集团客户来构成，公司依然需要评估其以有限的资源服务于这种群体的能力。公司可能还缺少一个完整的产品系列来满足市场，服务于一个分散市场的成本可能会超过客户愿意支付的价格。

根据客户覆盖面来进行战略细分，不同于通过一些社会经济或行为准则来进行细分，需要对覆盖市场的内部营销成本进行现实的考虑。追溯到单个产品所消耗的资源，营销成本就会比较高；树立品牌意识、维持客户网络、配送调度、提供折扣优惠以刺激经销商和分销商及其他活动，这些活动中所花费的成本要与公司追求的市场覆盖率所得的回报做比较。在某一特定时点，成本/覆盖率关系中会发生收益递减，这就使得公司有必要优化其市场覆盖范围，以使其获得一个与竞争对手相比更具有营销成本优势的地位。

重新与客户联系，但并不是每一个客户群

通过建立起有关客户偏好、消费模式和需求的信息库，并通过客户数据库，企业可以更准确地识别和分析客户群。公司可以更好地区分高价值客户——那些时常购买高价值商品的客户，和重要客户——选择性购买商品的客户。在有了这样的分类之后，营销计划就可以更好地分类。这两种分类值得品牌所有者投入更多的关注。

“婴儿潮市场”

将出生于1946—1964年之间的人群划定为“婴儿潮市场”。该市场在很大程度上被那些寻求年轻、时尚消费者的零售商所忽略。美国的研究显示，“婴儿潮市场”的客户对为其提供的商品很失望。然而，现在50岁以上的人的收入占据了美国可支配收入的55%。在法国，这一代人的消费占据了商品和服务消费的20%。每7秒钟，就有一位“婴儿潮市场”的客户变为50岁，在过去的5年里他们使得50～60岁的人数增加了20%。到2005年，他们将构成世界人口的约35%。

他们正在迈向人生中的一个新阶段，抵押贷款和学费可能已经不再是他们家庭支出的主要项目，因此受到经济放缓的影响较小。这些趋势为意图进入这个市场的公司提供了有用的市场信息。那种大众市场的策略可能不再适用于这些细分市场。

随着“婴儿潮市场”的年长消费者在零售品上消费得越来越少而在金融服务、节假日餐厅和娱乐场所上花费得越来越多，零售商不得不重新考虑如何使自己变得更加具有吸引力以此来捕捉这些巨大的消费点。必须要寻找更多创新的购物机会，例如综合休闲/购物的追求、送货上门和电子购物就适合全家人。

职场女性市场

另一个值得从营销角度重新审视的群体是职场女性——被一些分析家认为是另一个被忽略的市场机会。到2005年，女性不仅会构成欧盟工作人数增长的80%，而且长期来看服务业就业机会也倾向于她们。目前，75%的美国女性从事某种职业。在欧洲，18岁以上的女性有80%以上也处于类似的状况。这一直伴随着生育率的下降。随着女性进入劳动力市场，她们会晚婚、晚育并且少生孩子，并且有了孩子之后在职场依旧保持活力——这是很多企业一直忽视的一个重要因素。

这一群体展示了不同的消费模式。她们没有太多的时间去购物：完成工作的同时要做好家务和照顾好孩子，这使得她们没有时间去做别的事。人口统计数据表明，35～44岁的女性占据了大部分的市场，但是公司仍然没有对于18～30岁女性的市场重新定位。

重新与最盈利的客户联系

许多经验丰富的营销人员现在都承认，并不是所有的客户都同样宝贵。每家公司都有一个标准的客户文件：一些客户是现金牛、少数客户是明星、许多客户是问题客户、大多数客户是瘦狗型客户，他们最终花费了远远超过其自身价值的公司成本。

今天，很少有公司能支付得起将每个人都视为现有的或者潜在的客户而花费的成本。必须采用严格的分析来保证投入于有关客户的获取、发展和保留的资产能获得可观的投资回报。营销工作的重点就是必须把重点放在最有价值（也就是最有利可图）的客户身上。作为一个经验法则，旧的公理仍然值得考虑：80%的销售收入来自于20%的客户。最有吸引力的客户是那些持续对公司的产品表现出相对高程度偏好的群体。相反的，那些被公司产品吸引，但是消耗了过度的市场资源却没有在给定的时间内带来相应结果的客户，就可能是产生低利润的客户。

因此，如果20%的客户产生80%的利润，其含义就是时间和精力应该花费在有利可图的客户身上。通过开发这部分客户，业务从成本的角度来看有了很大的改善。当前的客户群分析应该基于以下问题：

- 哪些客户群在我们的产品上花费的钱最多、按时支付账单、要求较少的维修并且有证据表明可能和公司保持长期的商业关系？
- 对于公司的收入来说，哪些客户群比竞争对手更重要？一些客户可能被投入了比其他客户更多的努力和投资，但与这些客户所带来的商业价值不成比例。对一些客户的额外努力和投资可能更加合理，但是如果想对其提供零缺陷的产品或服务，可能导致公司在积极促销方面投入过多资源，这些投入可能与客户价值不对等。

放弃客户

随着进入21世纪，放弃你的客户已经成为最流行的趋势。一家领先的航空公司意识到一些经济型乘客支付的费用很低，甚至不能补偿公司搭载他们的成本，于是公司决定放弃这些客户。另外一种情况是，一家领先的英国银行实施计划，通过向客户收费来使得那些不能为银行带来利润的客户远离其分支机构，这些客户每月经常性地多次向银行职员寻求帮助。

低使用率并不是划分微盈利客户的唯一标准。由组织的不同部门来管理的一系列的“维护客户活动”，会淡化那些盈利性客户群的价值。频繁的售前和售后服务、小而分散的订单、特殊包装说明、漫长的拖延付款、繁重的应收账款、广泛的定制产品，以及其他相关的客户服务，都可能会触发未被发现的成本，而这些并不总能从价格中得到补偿。

审查客户业务的持续发展

如果不去巩固那些愿意与公司保持长期合作关系的盈利性客户，那么有关客户关系的努力就会被误导。如果公司去诱导客户购买那些利润率更高的产品，那么那些忠实的客户就会慢慢转变为盈利性的客户。使用的技术包括交叉销售、巧妙地使用金融服务公司的信用卡设施以及客户数据库，吸引公司的现有客户消费高价值的服务，例如旅游、投资和人身保险。客户整合也可以被有效地利用，以管理市场整合，从而最大限度地减少营销资源的浪费。

专注于留住核心客户群

应该将营销资源和努力用在保留最具盈利性的客户上，他们需要的服务成本比较少，具有重复购买的消费模式，以及倾向于高毛利率的产品。所面临的挑战不仅仅是保留他们，还有保留他们的业务。据估计，美国公司每五年就会失去一半的客户。公司有越多的长期客户，那么公司未来的收入就会越多。长期客户值得保留，因为他们购买多、占用更少的销售人员的时间、对企业支持服务的要求少、对价格不敏感，并且会影响其他人来尝试企业的产品，从成本的角度来看，他们消耗较少的企业资源。

一个客户群的流失并不意味着要积极地重建该客户群。对客户关系的过分依赖可能会使得公司偏离做出必要的适当投资以发展替代客户群的方案。

对公司的“软”营销措施重新评估

在追求盈利性时，公司容易忽略“软”营销要素的好处，而更倾向于“硬”要素，例如产品质量。公司采用的软措施——服务质量、客户满意度、灵活的服务，可以对公司未来的盈亏产生非常重要的影响。有些公司把客户看做其商业模式的重要组成部分，这类公司更容易利用“软”措施，即便有些员工并没有与客户直接接触的机会。一家美国银行集团称，即使是财务部门，也会与客户建立联系。高层管理者认为，花费这样的时间是有必要的，这使得员工更加理解客户需求。

选择一个分销伙伴、零售商、经销商、邮购机构，也是“软”营销措施的重要组成部分。在过去，完美合作伙伴的选择通常是基于“硬”要素，例如通过分销链推销产品持续保持优秀业绩、快速支付货款、良好的财务业绩，这种情况太常见了。然而，也许公司的零售伙伴很擅长自己的业务，却忽视了最终消费者的需求。如果公司产品不能在长期满足消费者各个维度的需求，高销售额是无法维系的。如果分销伙伴在销售过程中不能令客户满意，包括商品展示、运送、装配、售后等方面，那么顾客忠诚度很容易大打折扣。

现在的消费者已不会因低售价得到满足。对于“婴儿潮”一代人和夫妻双方都在工作的人，时间是考虑的首要因素，因为女方已经无法花费很多时间购物了。公司必须走出它们当前对于消费者的认知，真正变为市场导向型。在选择分销商方面，考虑“软”营销要素（商店便利的陈设、快速结账、网上购物便利性与货物运送）的公司更容易脱颖而出，吸引顾客。

对营销组合4P的重新评估

除了将现有营销政策用于新产品或新部件，公司还应将更多注意力集中在营销组合的基本要素上，主要是4P——产品（product）、价格（price）、渠道（place）、促销（promotion）。

公司必须针对市场、产品和营销组合中的其他要素，主动地采取措施，以实现快速变革。管理学的思想家彼得·德鲁克建议公司采取“预防措施”，例如定期的废弃练习（abandonment exercise）。

废弃练习使公司每隔几年就要质疑每种产品、服务、促销活动以及分销渠道。公司需要问这样一个问题：如果公司今天还没有准备好采用这一方法，现在可以这样做吗？这使得管理层反思之前对于一些问题的假设，例如产品的核心价值、产品满足当前消费者需求的程度、促销活动是否起作用等。总而言之，公司是否使更多的经理正确地做事，而不是做正确的事？这样一种方法可能带来：

- 在某一市场上削减不必要的产品/品牌多样性，从而让消费者更容易识别出公司目前所做的选择，导致消费者减少相关产品消费。
- 持续的不恰当的促销策略，例如将“买一送一”的促销活动定位于不恰当的消费群体（比如工作时间长、双方都赚钱、有财力大量购买的夫妇）。
- 将区域销售服务市场合并为全国性的，可能使基于多重市场（multi-market）的销售服务更有效率。
- 将价目表减到最少（例如，从40个减到3个），以使公司的价格政策合理化。可以采用电子化下单，订单错误也可大幅减少。
- 使总部免于承担多种书面工作（例如，监管、控制、授权、分析等）的繁重压力。

产品合理化政策也需要考虑由此带来的行政工作负担，主要是公司促销与定价程序方面。公司的促销与定价作业越频繁、越复杂，总部的行政工作压力就越大，相关销售人员也是一样。就某个产品—消费者组合而言，传统的做法是通过强有力的促销抢占市场，并实现品牌推广，现在就需要考虑促销为总部带来的行政负担，总部与相关部门的书面工作繁重。例如，零售商标价100美元的产品，由供应商推出时为130美元，导致25%的交易订单都出现了错误。

如今的产品生命周期空前之短，合理化产品生产线时应考虑这一因素。这使得营销与工程团队压力巨大，他们需要开发出新的产品流水线，制定更精密的营销策略。这并非每过几年进行一次的周期性工作，而是一种持续前瞻的文化，旨在更主动地识别客户需求。如果对产品的市场细分判断错误，或者对客户需求的特点认识错误，都会导致机会的错失以及更高的成本。

关注“外部客户”而非“内部客户”

如果内部汇报制度与行政工作已经让员工身心俱疲，他们就很难集中精力留住高利润客户。总部员工很容易就会发现，他们的工作都是非生产性的内部服务工作，是满足“内部客户”而非外部客户的。对“内部客户”投入的精力，例如支持服务与汇报工作，只会分散本应集中于外部客户的注意力，但是外部客户才是带来未来现金流入的人。如果过于注重报告、向组织内部各单元提供专业服务等方面的效率，自然会忽视与外部客户相关的事宜。当务之急是，要让投入于人力资源管理、管理信息系统和法律事务的精力与技能转为服务外部客户。一个欧洲航空公司的CEO，想让员工重新将注意力集中于客户身上，他让每一个员工都从吸引与保留客户的角度重新定义自己的工作。

评估有关的互联网营销战略

电子商务进军欧洲市场的道路上还存在着许多障碍。美林投资公司表示，想要得到70%的网页浏览者，网站需要有五种语言支持。只有1/7的德国人和意大利人拥有信用卡，而在美国几乎每个人都有好几张卡。与此同时，欧洲人似乎对网上消费并不热衷。欧洲的人均邮购销售额只有美国的1/2。有两个原因：

1. 欧洲人口更加集中，居住的地点距离商店相对较近；
2. 美国消费者有邮箱编号系统，促进了邮购的发展。

购物网站已经出现一些引人注目的失败案例，比如某运动服装的电子零售商，尽管该公司一周的营业额就突破100万美元，但是收入仍旧无法弥补高成本。

根据尼尔森网络评价系统（Nielsen Netratings）的报告，家庭互联网的使用状况决定了网络还无法成为全球化市场媒介：全世界几乎5亿的互联网用户，27%集中在欧洲，40%集中在北美。

完善客户基础的成本与收入信息

营销经理需要与财务部门持续合作，制定利用个人消费者、产品与分销渠道获取利润的策略。掌握了这些信息，公司就可以将精力更多地投向营销活动应该针对的领域。

优秀的公司总能及时满足消费者的需求。真正的创新型公司懂得如何识别可以带来持续利润的市场与客户群，以便为公司持续创造价值。关键在于公司不仅仅要受客户驱动，还要受市场驱动。一旦转为受市场驱动，潜在成本就不太一样了，而且更便于管理。

找到集权与分权的平衡点

在 21 世纪初，公司成功都是基于规模经济。规模经济带来了大规模生产、廉价的分销以及批量采购，然而，想把这一规模策略用于多样化市场就更加困难了。

地区竞争、贸易的技术壁垒以及各地缺少共性的消费者，使得很多企业建立高度整合的地方公司，从而及时地调整规模，且规模大小须符合公司文化。

随着经济飞速发展，消费者愈发渴望新产品，高层管理者也愿意让地区公司自由发展，只要它们可以盈利。这样一来，海外运营意味着管理很多独立的公司，这些公司管理着自己的资产并为盈利负责。总部的职能不仅仅是字面的含义，更重要的是进行财务控制，于是，多国组织诞生了。

对公司结构的重新审视

久而久之，这样的公司结构在日益激烈的国际竞争中暴露出弊端：过于强调职能完美，却无法作为有机整体响应地方市场变化。这使得公司不得不重新审视自身结构，以维持高绩效以及各个市场、产品的一致性。此外，公司也意识到国际学习曲线带来的好处，还认识到应该利用全球各个业务单元的信息流、员工和资源，从而实现整个集团的利益最大化。

一家欧洲领先的制药公司的组织结构是自然发展形成的，而非刻意设计的。这家公司在评价自身的国际结构时，发现有五个难以管理的地理区域：英国、美国、欧洲大陆、拉丁美洲和国际市场。然而，使公司无法建立整合战略的不止这一难题，还包括微观层面的问题：投放在电视广告、包装设计等环节的大量资金回报不佳。这家公司减少了业务地域，使其只在三个地理区域运营，同时建立更有效率的公司结构。这不仅仅是为了节约资金，更重要的是可以从任何一个地区的成功经营中学习经验，并将其运用于国际市场。

评价哪些职能应该集权化

高层管理者面临的一个重要问题是，哪些职能应该集权化管理，哪些职能又应该分权化以达到下文所述的结果？高层管理者还需要考虑以下问题：

- 为地区经理提供更大的灵活性，使其更好地应对当地市场状况、关注产品发展、管理资产、资本开支、员工的发展与流动。

- 鼓励跨市场能力的发展，从而更多地交流信息与相互学习，关注节约成本、提高质量与各国产品特征的新动向。
- 不对地区经理施加不利的、长期的限制，在这一前提下实现全球规模经济的最大化。

找准这一平衡点是很难的，关键在于要将刻板、官僚的管理体制与流程转变为分权化的运营模式。无论如何，随着管理者权力的下放，高层管理者仍旧需要对关键政策进行控制。一个有效的模型为我们带来了一种简单的办法：

- 如果提高质量或规模经济是重要的，将职能最大限度地集权化；
- 如果在“一线”与客户交流接触是重要的，允许较大程度的分权。

可以考虑制定集权化的政策方案，用分权化的方式推动实施，使两者达到最佳的平衡。一个软饮料制造企业将采购职能集权化管理，使其在面对国际供应商时更具采购实力，同时，它还赋予地区公司分权式的权力，鼓励它们寻找更有效率的地区供应商。另外一个白色家电公司在使用这一方法制定营销策略时发现，当地的品牌可以在两个主要细分市场上满足消费者的需要。与此同时，为实现规模效应，这家公司将基本的零部件标准化，使其在两个地区工厂集中生产。

协作与网络是重要的

传统的跨市场公司经常犯一个错误，它们花费很多精力在繁重的总部控制上，而很少选择相信地区公司的实力，不管它们在哪个地区。如果总部放弃对其控制，取而代之的是协作与旨在促进地区经理相互学习与交流的“网络”（见图 9—1），那么控制的效果反而更好。一家欧洲电子产品制造商面临着一个棘手的任务，它需要解释产品型号的增多与促销手段的多样化，但不能由地区经理来做，这一任务落在了指导委员会的头上。指导委员会由公司的一线员工以及各国的高层管理者组成，他们的目的是制定一个更严密、更连贯的产品战略，更重要的是发现可能存在的协同效应。这使得公司发现了一批管理者、技术员工，他们有能力在总部工作，有能力找出一系列营销、促销、绩效评估、消费者研究问题的最佳方案，这些都是他们从跨国组织结构的市场中学习到并加以应用的。

让地区公司做领导

通过让地区公司发挥领导作用，使其管理并协调它们擅长的任务与职能，总部就可以减少对其控制。这样一来，地区公司的竞争力显著增强，地区经理也可以从整个集团的角度管理公司。美国某家计算机制造商授予其意大利子公司“领导公司”的称号，旨在推行其售后服务，因为这家意大利公司创造性地推出了售

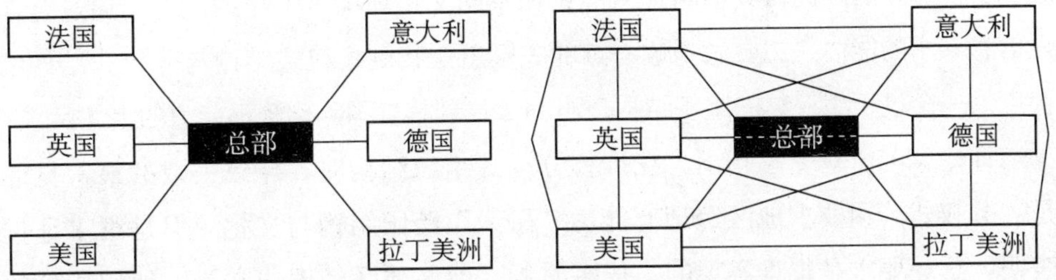

多国组织

特点：
关键资产与权力的分权化；
组织文化；
总部将地区分支机构视作独立的利润中心；
具有信息资源的总部进行财务集权化控制。

跨国组织

特点：
整合的资源与技能网络；
组织文化；
总部将地区分支机构视为整合的、相互依赖的战略总体；
通过分支机构的产品共享、资源共享、决策制定共享与信息共享，进行关系管理。

图 9—1　从多国组织模型到跨国组织模型

后服务的新流程。

在这一环节最重要的是，分配给地区公司的责任要与它们的竞争力相符。在鼓励地区公司设计并推行战略任务的过程中，如果总部没有考虑地区公司的能力，是没有办法做好的。高层管理者越来越深刻地认识到，如果采用传统的模式，让地区公司自己选择经营或运营的流程与体系，成本将是不菲的，而且在这种传统模式下，全球的地区公司也无法充分利用总部的技术与竞争力。这样的模式使地区公司承担了更多责任，这可能是过去的集权式公司无法接受的。与此同时，地区公司也可以自由利用资金或其他资源，以应对当地市场需求的快速变化。

另外，要创造一个机制，鼓励地区公司交流信息。国际学习曲线为企业提供了强有力的竞争优势，它真正的意义在于：为各地区经理提供一种文化与平台，使他们开诚布公地提出建议、分享研究成果、共同设计工作项目、使技术传递到组织的其他部分。它有利于扫除职能、国家、部门之间的障碍（对于组织本身是一种成本节约），而且有利于组织成为高度整合、相互依赖的整体，它有助于跨市场的专家应对国际公司强有力的竞争挑战，有利于新型产品创意的不断发展。

识别管理人才

这一方式带来的意外收获是，在一个分权式结构下，高质量的、适合组织的管理人才会很快崭露头角。在一个跨市场的公司中，很少能充分利用某一领域专业人才的潜能（通常是国际化的视野与能力）。建立并保持一个管理人才团队是当下一个明显的竞争优势，其关键性就好比快速获取市场或客户信息的能力。然而，要想构成竞争优势，必须同时具备两种才能：在不同文化环境下工作的能力，通过合作实现信息共享的能力。想要做到这一点的关键就是找到集权式结构与分权式结构的平衡点。一个过于集权化的组织结构，不利于找到具有国际化管理能力的人才。

评论家与管理专家指出，在推行分权式组织结构时，导致失败的最常见原因是：分权式公司要求地区经理有能力“融入”跨国结构与文化，但是很多证据都表明，这一要求是很难实现的。很多时候，即便地区经理非常了解他们所处的市场、公司的作用与所处的行业，他们都是从地区公司的狭隘角度考虑公司的全球化运营的。跨国组织不注重培养地区经理在全球化背景下管理产品、资源与市场的能力，必将为此付出惨重代价。

高层管理者应思考培养国际化管理人才带来的战略收益，在这一过程中暂不考虑他们的国籍，或他们是哪一个领域的职能专家。这项工作应从招聘人员时开始。再优秀的会计师、销售人员、工程师以及律师，如果没有追求国际化的视野，雇用他们的价值就很低了。与此同时，公司必须向这些人才提供机会，让他们在组织中获得成长，以便于提高组织的运营效益。

要点

- 高层管理者很容易执著于短期目标，例如削减成本，他们的视野与精力很难集中于真正重要的领域：留住高利润客户、保持竞争力。
- 追求改善应是引导员工日常工作的长久目标，而非临时性目标。
- 划分部门的组织结构会带来重要的客户相关问题，例如，无法判定某项客户需求属于哪个职能部门负责。
- 无效率的营销是由于公司不关心或不了解客户需求。如果公司的战略无法满足客户需求，更高的效率只会使亏损减至最低，而非创造盈利。
- 通过产品多样化策略，或通过在各国的非同质市场进行销售，公司是无法实现价值增加的。
- 地区经理在发展、运行自身公司的流程、体系时，成本是很大的。
- 过于强调市场份额的扩张以及利润的增长，会导致成本的上涨以及侵略性的促销。
- 获取一个新的客户对于公司而言是耗时、高成本的，公司与客户的关系越长久，客户就会带来越高的未来收入，因为他们消费很多、耗费很少，也会吸引潜在客户。
- 组织的地区公司过于强调职能完美性，过于强调作为整体对市场的反应能力，可能会带来次优化的结果，也会错失地区公司间交流最佳实践的良机。

☑ 检查表

中层管理者与基层管理者是否有能力承担风险、有效管理员工、制定决策以改进质量？他们会这么做吗？ □

质量改进流程是否与组织绩效的指标有关，并最终与客户满意度相关？
—它们是否与部门目标相关？分部门计算？ □

公司是否定位于具有潜能的商业领域？公司能否在全生命周期中（从设计到售后服务）服务客户并获得利润？ □

为“正确地做事”——例如，针对高度差异化市场提供更具差异化的商品——投入的精力与时间是否妨碍了“做正确的事”——例如，更好地定位于高利润客户并理解其需求？ □

是否已识别高利润客户群？
—与有价值客户相比，公司重视哪些客户？ □

哪一个客户群在公司产品上花费最多的钱，及时付账，需要较少的服务，并愿意与公司建立长期的合作关系？ □

参考文献

文章

'Costing the factory of the future', *The Economist*, 3 March 1990.

'How to live with falling prices', *The Economist*, 12 June 1999.

'The productivity paradox', *International Business Week*, 6 June 1988.

American Management Association (1992), 'Cutting expenses: cost management is the key', Industry Forum, October.

'Making manufacturing work', *Management Review* (American Management Association), September 1996.

Bailey and Sherman (1988), 'Downsizing: the alternatives may be cheaper', *Management Review* (AMA), April.

Baker, G. (1999), 'Winning ways: ready buck, and a flair for risk', *Financial Times*, 14 December.

Bembaron, E. (2000), 'Les frais généraux en baisse', *Le Figaro*, 30 October.

Benady, A. (1997), 'Difficult numbers to figure out', *Financial Times*, 19 May.

Bittlestone, R. (1999), 'Shearer gives lesson in strategy', *The Times* (UK), 8 April.

Black, G. (1997), 'Users rebel against rising PC costs', *Financial Times*, 5 November.

Bogler, D. and Michaels, A. (2000), 'Attempting to shift the stretch-goal posts', *Financial Times*, 9 June.

Brown, D. (1992), 'Outsourcing: How corporations take their business elsewhere', *Management Review* (AMA), February.

Burt, T. (2001), 'Less talk, more torque at Renault', *Financial Times*, 17 February.

'Costing the factory of the future', *The Economist*, 3 March 1990.

Daniel, C. and Barker, T. (2000), 'Boo's next?', *Financial Times*, 19 May.

Dearlove, D. (1996), 'Who needs management?', *The Times* (UK), 18 July.

Develin, N. (1999), 'Unlocking overhead value', *Management Accounting*, December.

Doyle, D. (1983), 'Controlling those marketing costs', *Marketing Opinion* (Ireland), February.

Drucker, P. (1994), 'The theory of business', *Harvard Business Review*, September/October.

Edwards, N. and Lillie, M. (1999), 'Victory of the invisible hand', *The Times* (UK), 24 June.

Fanning, J. (2000), 'Close encounters', *Financial Management*, November.

Feigenbaum, A. (2001), 'Cuts in a cold climate', *Financial Times*, 17 April.

Finkelman, D. and Goland, A. (1990), 'How not to satisfy your customers', *The McKinsey Quarterly*, Winter.

Fisher, A. (1999), 'Is the effort worthwhile?', *Financial Times*, 3 March.

Foremski, T. (2000), 'IT spending first to feel the squeeze in large companies', *Financial Times*, 23 December.

Foremski, T. (2001), 'IBM plea on simpler computer systems', *Financial Times*, 16 October.

Fredericks, J. and Salter, J. (1995), 'Beyond customer satisfaction', *Management Review* (AMA), May.

Gering, M. (1999), 'Activity based costing: focusing on what counts', *Management Accounting*, February.

Grant, A. and Schlesinger, L. (1995), 'Realise your customers' full profit potential', *Harvard Business Review*, September/October.

Harari, O. (1991), 'Should internal customers exist?', *Management Review* (AMA), July.

Harari, O. (1995), 'Before your next company retreat, read this', *Management Review* (American Management Association) June.

Henkoff, R. (1990), 'Cutting costs: How to do it right so you won't have to do it again', *Fortune*, 9 April.

Hill, A. (2000), 'More information is the new bottom line', *Financial Times*, 6 November.

Hope, J. and Fraser, R. (1999), 'Budgets: the hidden barrier to success in the information age', *Accounting & Business*, March.

Hope, J. and Fraser, R. (1999), 'Budgets: how to manage without them', *Accounting & Business*, April.

Hope, J. and Fraser, R. (1999), 'Tool of repression and a barrier to change', *Financial Times*, 18 May.

Hopwood, A. 'Costs count in the strategic agenda', *Financial Times*.

Horton, J. (1987), 'Cost cutting or cost management?', *Management Review* (American Management Association), November.

Houlder, V. (1991), 'How under-used assets can be exploited', *Financial Times*, 17 May.

Hymowitz, C. (2001), 'Using layoffs to fight downturns often costs more than it saves', *Wall Street Journal* (Europe), 25 July.

Jack, A. (1992), 'Cutting HQ down to size', *Financial Times*, 1 July.

Jackson, T. (1998), 'How the mighty are falling', *Financial Times*, 30 November.

Jackson, T. (1999), 'Uneasy lies the company ahead', *The Times* (UK), 2 March.

Joachim, A. (2001), 'Central Office', *Financial Management*, April.

Kellaway, L. (1993), 'Keeping hold of the customer', *Financial Times*, 25 March.

Lester, T. (2000), 'Cutting the ties that bind', *Financial Times*, 9 May.

Littlewood, F. (2000), 'Look beyond the budget', *The Times* (UK), 11 January.

Littlewood, F. (2000), 'Money for virtually nothing', *The Times* (UK), 20 April.

Littlewood, F. (2000), 'Number crunchers counted out', *The Times* (UK), 27 April.

London, S. (2001), 'The new economy', *Financial Times*, 25 September.

Lorenz, C.(1991), 'Accelerated product development: competition intensifies in the fast track', *Financial Times*, 28 June.

Lucas, M. (1997), 'Standard costing and its role in today's manufacturing environment', *Management Accounting*, April.

Maitland, A. (2000), 'Ills of dysfunctional deals', *Financial Times*, 8 June.

Maitland, A. (2001), 'If downsizing, protect the corporate memory', *Financial Times*, 16 October.

Marsh, P. (2001), 'The return of the expensive worker', *Financial Times*, 19 July.

Martin, P. (1996), 'It's the revenues, stupid', *Financial Times*, 27 December.

McKinsey report 2001:Commends more on productivity debate. (www.mckinsey.com)

Moriarty, S. (2001), 'A controlling influence', *Financial Management*, May.

Nakamoto, M. (1993), 'Standing oration', *Financial Times*, 6 June.

Narisetti, R. (1997), 'Too many choices: P&G seeing shoppers were being confused overhalls marketing', *Wall Street Journal*, 20 January.

Neuman, J. (1975), 'Make overhead cuts that last', *Harvard Business Review*, May-June.

Neuman, J. (1987), 'OVA: Avoid slash-and-burn overhead reduction', *Management Review* (AMA), January.

Nissan, D. (1995), 'A regional slice of the global pie', *Financial Times*, 14 August.

PA Consulting (1998), Offices of the New Millennium Report. (www.paconsulting.com)

Parry, J. (1991), 'Freedom to mix and match', *International Management*, October.

Pearson & Ray (1981), 'Zero-base budgeting - A technique for planning organisational decline', *Long Range Planning*, Vol 14, No 3.

Pilling, D. and Guerrera, F. (2000), 'Drugs giant plans radical research move', *Financial Times*, 11 November.

Porter, M. (1987), 'The state of strategic thinking', *The Economist*, 23 May.

Pretzlik, C. and Silverman, G. (2001), 'Mother Merill's herd are looking for pastures new', *Financial Times*, 31 October.

Rayner, D. (1975), 'A battle won in the war on paper bureaucracy', *Harvard Business Review*, January/February.

Rice, K. (2000), 'In-house ticket to big savings', *Financial Times*, 27 March.

Shillingford, J. (1992), 'Offices follow the factory example', *Financial Times*, 19 March.

Shillingford, J. (1992), 'Facilities management - A more radical approach', *Financial Times*, 5 October.

Skapinker, M. (2000), 'Big corporate base is no barrier to success', *Financial Times*, 4 May.

Skapinker, M. (2001), 'Crowded skies', *Financial Times*, 10 October.

Skapinker, M. (2001), 'Search for a new pattern in face of a downturn', *Financial Times FT Boardroom supplement*, 25 October.

Spector, J. (McKinsey & Company) (1990), 'Creative cost cuts needed', *South China Morning Post*, 27 April.

Tringham, M. (2000), 'Budget for a better tomorrow', *The Times* (UK), 1 June.

Waller, D. (1991), 'How to bring technology to account', *Financial Times*, 21 January.

Williams, P. (1996), 'Marketing in cyberspace', *Marketing Forum* (AMA), September.

Wolfraim, P. (1996), 'Creating order from chaos', *Management Review* (American Management Association), March.

图书

Boulot, J.L., Cretal, J.P., Jolivet, J. and Koskas, S. (1975), *Analyse et Contrôle des Coûts*. Paris: Publi-Union: 1986.

Cooper, R. and Kaplan, R.S. (1998), *Design of Cost Management Systems*. New Jersey: Prentice-Hall.

Doyle, D. (1997), *La Maîtrise des Coûts: Une approche globale*. Paris: Les Editions d'Organisation.

Doyle, D. (1999), *Adding Value to Marketing*. London: Kogan Page.

Drucker, P. (1993), *Management: Tasks, responsibilities, practices*. London: HarperCollins Publishers.

Hammer, M. and Champy, J. (1995), *Re-engineering the Corporation*. London: Nicholas Brealey Publishing Ltd.

Horngren, C.T. and Sundem, G. (1990), *Introduction to Financial Accounting*. New Jersey: Prentice-Hall International.

Horngren, C.T., Foster, G. and Datar, S.M. (1999), *Cost Accounting - A managerial emphasis*. New Jersey: Prentice-Hall.

Jonsson, S. (1996), *Accounting for Improvement*. Oxford: Pergamon.

Kaplan, R.S. and Cooper, R. (1997), *Cost and Effect: Using integrated cost systems to drive profitability and performance*. Boston: Harvard Business School Press.

Oldman, A. and Tomkins, C. (1999), *Cost Management and its Interplay with Business Strategy and Context*. Aldershot: Ashgate Publishing Ltd.

Savall, H. and Zardet, V. (1995), *Maîtriser les Coûts et les Performances Cachés*. Paris: Economica.

Thomas, W.E. (1988), *Readings in Cost Accounting, Budgeting and Control*. Cincinnati, OH: South-Western Publishing.

Cost Control：A Strategic Guide，2nd Edition
By David P. Doyle
ISBN：9781859715178

图书在版编目（CIP）数据

战略成本控制：第2版/道尔著；刘俊勇等译．—北京：中国人民大学出版社，2013.9
（管理者终身学习）
ISBN 978-7-300-18105-9

Ⅰ.①战… Ⅱ.①道… ②刘… Ⅲ.①企业管理-成本控制 Ⅳ.①F275.3

中国版本图书馆CIP数据核字（2013）第225153号

管理者终身学习
战略成本控制（第2版）
戴维·P·道尔 著
刘俊勇 等译
Zhanlue Chengben Kongzhi

出版发行	中国人民大学出版社		
社　址	北京中关村大街31号	邮政编码	100080
电　话	010－62511242（总编室）		010－62511398（质管部）
	010－82501766（邮购部）		010－62514148（门市部）
	010－62515195（发行公司）		010－62515275（盗版举报）
网　址	http://www.crup.com.cn		
	http://www.ttrnet.com(人大教研网)		
经　销	新华书店		
印　刷	北京东君印刷有限公司		
规　格	175 mm×250 mm　16开本	版　次	2013年10月第1版
印　张	10.5插页2	印　次	2013年10月第1次印刷
字　数	180 000	定　价	29.00元

教师教学服务说明

中国人民大学出版社工商管理分社以出版经典、高品质的工商管理、财务会计、统计、市场营销、人力资源管理、运营管理、物流管理、旅游管理等领域的各层次教材为宗旨。

为了更好地为一线教师服务，近年来工商管理分社着力建设了一批数字化、立体化的网络教学资源。教师可以通过以下方式获得免费下载教学资源的权限：

在“人大经管图书在线”（www. rdjg. com. cn）注册，下载“教师服务登记表”，或直接填写下面的“教师服务登记表”，加盖院系公章，然后邮寄或传真给我们。我们收到表格后将在一个工作日内为您开通相关资源的下载权限。

如您需要帮助，请随时与我们联络：

中国人民大学出版社工商管理分社

联系电话：010－62515735，62515749，82501704

传真：010－62515732，62514775　　　　电子邮箱：rdcbsjg@crup. com. cn

通讯地址：北京市海淀区中关村大街甲59号文化大厦1501室（100872）

教师服务登记表

<table>
<tr><td>姓 名</td><td></td><td>□先生　□女士</td><td>职　　称</td><td colspan="2"></td></tr>
<tr><td>座机/手机</td><td colspan="2"></td><td>电子邮箱</td><td colspan="2"></td></tr>
<tr><td>通讯地址</td><td colspan="2"></td><td>邮　　编</td><td colspan="2"></td></tr>
<tr><td>任教学校</td><td colspan="2"></td><td>所在院系</td><td colspan="2"></td></tr>
<tr><td rowspan="3">所授课程</td><td>课程名称</td><td>现用教材名称</td><td>出版社</td><td>对象（本科生/研究生/MBA/其他）</td><td>学生人数</td></tr>
<tr><td></td><td></td><td></td><td></td><td></td></tr>
<tr><td></td><td></td><td></td><td></td><td></td></tr>
<tr><td colspan="2">需要哪本教材的配套资源</td><td colspan="4"></td></tr>
<tr><td colspan="2">人大经管图书在线用户名</td><td colspan="4"></td></tr>
<tr><td colspan="6">院/系领导（签字）：
院/系办公室盖章</td></tr>
</table>